Anna Mancini

Os seus sonhos podem salvar-lhe a vida

Como e porquê os seus sonhos podem alertar de todos os perigos : sismos, maremotos, tornados, tempestades, deslizamentos de terras, acidentes de avião, agressões, atentados, assaltos, etc.

Buenos Books America

www.buenosbooks.us

© Autora : Anna Mancini

www.amancini.com

Traduzido do Francês para Português (EU) por Ana Cristina e Almada

analmada_2000@yahoo.com

Título original em Francês : Vos rêves peuvent vous sauver la vie.

www.amancini.com

© Ilustração capa : Cristiane Mancini

mancinicristiane@yahoo.com.br

Buenos Books America, 2013

ISBN Versão Impressa: 978-1-932848-79-3
ISBN Versão Electrónica: 978-1-932848-80-9

SOBRE A AUTORA DESTE LIVRO

Anna Mancini, francesa de origem italiana, vive em Paris e é escritora, coach e conferencista. Estimulada pela sua cultura familiar, ela interessa-se pelos sonhos desde a sua infância.

Mais tarde, quando ela escreveu a sua tese de doutoramento sobre o direito das patentes, um grande sonho alterou a sua vida. Este sonho especial e muito claro dá-lhe a solução de um enigma do antigo direito romano[1] que até aí vários investigadores espalhados pelo mundo não conseguiriam resolver.

---

[1] Esta descoberta foi divulgada numa obra intitulada : *Les solutions de l'ancien droit romain aux problèmes juridiques modernes*, editadas nas edições Buenos Books International

Ao contrário do esperado, em vez de ser acolhida com entusiasmo no meio universitário, esta descoberta, cuja origem onírica não foi mencionada, valeu-lhe a exclusão da universidade e o impedimento pelo seu director de tese ao ingresso na carreira de jurista. Foram estas circunstâncias que levaram-na a optar por dedicar a sua vida à pesquisa e a experimentação do processo onírico.

Ela observou ao longo de vários anos os sonhos mas também os sonhadores, e faz experiências para compreender qual é a influência do seu ambiente e da higiene de vida sobre o conteúdo dos seus sonhos. Para as suas pesquisas, ela tirou partido também de antigos ensinamentos desconhecidos sobre a psique humana que chegaram até nós através de antigos sistemas jurídicos.

Graças a este método original de trabalho sobre os sonhos e com a ajuda dos seus próprios sonhos que guiaram-na ao longo das suas pesquisas, ela pôde:

- Estabelecer um método inovador e eficaz de interpretação da linguagem onírica;

- Uma técnica que permite colocar as questões ao nosso subconsciente e obter respostas independentemente do domínio;

- Compreender quais são as condições favoráveis e as condições desfavoráveis ao surgimento de sonhos criativos;

- E outras coisas que facilitam a vida desperta e aumenta a vitalidade dos sonhadores.

Ela criou em 1995 a associação Innovative You, sedeada em Paris, no seio da qual ela pôde experimentar com outros investigadores, os métodos de trabalho sobre os sonhos que ela desenvolveu depois de longas pesquisas pessoais.

Anna Mancini escreveu vários livros cuja lista encontrará no seu site pessoal: www.amancini.com

Ela anima ateliers, dá conferências e aconselha as pessoas para que possam aprender a utilizar os seus sonhos para melhorar todos os aspectos da sua vida e também para tornarem-se mais criativas. Ela ensina as suas técnicas oníricas em França e no estrangeiro, nomeadamente nos departamentos de pesquisa e de inovação das empresas.

Se deseja uma sessão de coaching, organizar uma conferência, um atelier ou uma formação sobre os sonhos, é favor contactar a autora: anmancini@free.fr

As conferências, ateliers e formações de Anna Mancini são regularmente anunciados no blog do seu site pessoal, aos quais podem ter acesso tornando-se assinantes.

ÍNDICE

SOBRE A AUTORA DESTE LIVRO 3

INTRODUÇÃO 9

CAPÍTULO 1:
ESTES ANIMAIS QUE FOGEM ANTES DAS CATÁSTROFES NATURAIS 15

CAPÍTULO 2:
EXEMPLOS HISTÓRICOS DE PESSOAS QUE GUARDARAM A CAPACIDADE DE PRESSENTIR OS PERIGOS DO SEU AMBIENTE 19

CAPÍTULO 3:
O FRACASSO DOS «ESCRITÓRIOS DE REGISTO DE SONHOS CATASTRÓFICOS» E OS SEUS MOTIVOS 27

CAPÍTULO 4:
O FUNCIONAMENTO INFORMATIVO DO CORPO HUMANO NA JUNÇÃO DO SONHO À REALIDADE 31

CAPÍTULO 5:
COMO DESENVOLVER AS SUAS PERCEPÇÕES UTILIZANDO OS SEUS SONHOS 35

CAPÍTULO 6:
O QUE PROVOCA OS FALSOS ALERTAS ONÍRICOS DE CATÁSTROFES NATURAIS? 51

1) Os pesadelos de falsos alertas de catástrofes provocados pelo corpo 53
2) Os pesadelos de catástrofes naturais provocados pelo espírito 64
3) Os pesadelos de falsos alertas de catástrofes naturais relacionadas com as perturbações energéticas do ambiente do sonhador: 68
4) Os pesadelos pós-traumáticos e os pesadelos traumáticos transgeracionais: 78

CONCLUSÃO 85

RESPOSTAS ÀS QUESTÕESS FREQUENTES 89
1: Por que motivo não consigo sonhar ? 89
2: Como é que posso interpretar os meus sonhos? 95
3: Podemos captar durante os sonhos informações vindas de lugares ou pessoas afastadas ? 100

BIBLIOGRAFIA 105

SOBRE A ILUSTRADORA DA CAPA 111

SOBRE SOBRE A TRADUTORA DESTE LIVRO: Ana Cristina e Almada 113

INTRODUÇÃO

Nestes últimos anos, assistimos em várias partes do mundo a uma aceleração do ritmo das catástrofes naturais. Apesar do avanço das nossas tecnologias, os poderes públicos não estão sempre à altura de prevenir atempadamente as populações. Por isso, a humanidade continua a pagar um pesado tributo em vidas humanas e em estragos materiais às explosões da Natureza.

No entanto, esta situação poderia ser facilmente melhorada. Numerosas vidas poderiam ser salvas e estragos importantes poderiam ser evitados se cada um aprendesse a escutar melhor as mensagens que o seu corpo - que está em contacto permanente com a Natureza – transmite através do canal onírico. Efectivamente, não existe instrumento mais eficaz que o ser vivo, (por exemplo o corpo de uma pessoa ou de um animal) para detectar os sinais precursores de catástrofes naturais e permitem a fuga, antes que seja tarde de mais. Esta capacidade que o corpo humano ou animal possui de perceber as mudanças do seu ambiente faz parte do seu instinto.

O planeta Terra, tal como nós, não é só matéria, é também energia e as suas transformações materiais que nos apanham aparentemente de forma despercebida, são na realidade precedidas muito antes do desencadeamento material dos elementos naturais, por mudanças energéticas e vibratórias de natureza terrestre, mas também cósmica. São mudanças que o corpo humano ainda hoje é capaz de captar sem que tenhamos consciência e é também este fenómeno natural que permite aos animais, aquando de desastres naturais, de escapar à morte mais eficazmente que a maioria dos seres humanos que perderam a sua intuição, não sabem comunicar com o seu corpo e não prestam atenção aos seus sonhos.

O nosso corpo é extraordinariamente sensível às ligeiras variações do nosso ambiente. Ele tem também um poderoso instinto que o alerta assim que pressente um perigo e dá o alarme utilizando o canal dos sonhos ou da intuição. Possui uma extraordinária sensibilidade às mudanças energéticas e a outros sinais precursores de catástrofes naturais. Uma observação atenta sobre um longo período de tempo das conexões entre os sonhos e a realidade evidencia o facto que é também muito sensível aos pensamentos e às emoções dos outros seres humanos. Efectivamente, eles têm também uma dimensão energética, às vezes nitidamente perceptíveis por algumas pessoas no estado de vigília.

Os meus anos de investigação fora dos caminhos lavrados, sobre as ligações entre os sonhos, a realidade e o ambiente das pessoas, permitiram-me compreender como o corpo humano no seu conjunto capta numerosas informações provenientes do seu ambiente, e como essas informações que já não atingem mais a consciência do homem moderno em estado de vigília são transmitidas ao seu cérebro através dos sonhos. Graças às minhas pesquisas, criei um método simultaneamente simples e original que permite a quase todo o mundo utilizar a faculdade de sonhar com o fim de melhorar vários aspectos da vida. Entre eles, o facto de tornar-se mais aptos na percepção dos perigos que nos ameaçam, sejam de origem natural, humana ou tecnológica.[2]

A minha forma de utilizar a faculdade de sonhar é diferente de tudo o que existe actualmente na literatura sobre os sonhos seja ela científica, psicanalítica, xamânica etc. É pragmática, baseada em mais de vinte anos de observações objectivas e todo o mundo pode praticá-la, dedicando-a um pouco de tempo e algumas regras elementares de higiene de vida corporal e psicológica.

Ao ler este livro, poderá aprender também a desenvolver a sua capacidade de detectar todo o tipo de perigos, com o objectivo de poder evitá-los e até, em algumas circunstâncias salvar a sua vida e a dos seus próximos de uma forma autónoma.

Terá maior capacidade, por exemplo:

> - de evitar uma morte acidental fugindo antes do desencadeamento de uma catástrofe natural :sismo, erupção vulcânica, deslizamento de terras, dilúvio, tempestades, maremotos, avalanche;

---

[2] Podemos fazer outras coisas com os nossos sonhos, por exemplo desenvolver a nossa criatividade ou gerir melhor a nossa saúde como explico no meu livro *La signification des Rêves* e ao longo dos meus seminários e formações.

- de evitar tentativas de agressões, terrorismo, roubo, violações ;

- saber, antes de partir em viagem, por exemplo de avião ou de barco, se chegará são e salvo ao seu destino ;

- pressentir outros perigos e armadilhas.

Ao utilizar a técnica acessível a todos, que eu explico neste livro, poderá aprender a «recuperar» as informações importantes que estão a vossa disposição quando está a sonhar. Poderá também, isto se fôr mais dotado, desenvolver uma maior sensibilidade e uma maior intuição directamente em estado de vigília, o que permitirá uma reacção mais eficaz aos perigos do nosso ambiente.

Antes de explicar como pode utilizar os seus sonhos como protecção dos perigos do seu ambiente ; queria num primeiro capítulo falar-lhe dos animais, que souberam guardar uma sensibilidade consciente do seu ambiente. É graças a esta sensibilidade corporal e psíquica directamente no estado de vigília que os animais são capazes de fugir, às vezes muito tempo antes do desencadeamento de desastres, enquanto a maioria dos seres humanos, apanhados de surpresa, perdem as suas vidas nas mesmas circunstâncias.

Num segundo capítulo, quero falar de algumas pessoas, célebres, que, no passado, puderam beneficiar de uma forma natural dos seus sonhos como prevenção de perigos, sem todavia tirar partido para escapar deles.

Num terceiro capítulo, explicarei um método que lhe permitirá desenvolver facilmente, sem perigos e em completa autonomia, as suas faculdades oníricas e intuitivas.

Finalmente, falarei dos sonhos de falsos alertas de catástrofes, dos pesadelos e das suas causas. Explicarei como e porquê alguns pesadelos são criados e como é possível evitá-los.

CAPÍTULO 1:

ESTES ANIMAIS QUE FOGEM ANTES DAS CATÁSTROFES NATURAIS

Enquanto os seres humanos continuam tranquilamente nas suas ocupações, não sentindo a chegada de qualquer acontecimento, até ao último momento ; foi observado em várias ocasiões que os animais selvagens fugiram com o intuito de se abrigarem antes do desencadeamento de catástrofes naturais, enquanto os animais domésticos têm comportamentos fora do habitual e fogem eles também, desde que lhes é dada essa opção.

Por exemplo, depois do sismo que aconteceu na China em Tangshan a 28 de Julho de 1976, que ceifou 240 000 vidas humanas, os sobreviventes afirmaram que tinham reparado, algum tempo antes do desencadeamento do sismo, comportamentos fora do habitual dos animais domésticos e selvagens: uivo dos cães, agitação das serpentes e dos ratos, comportamento anormal das vacas e dos cavalos, etc. Tiraram ilações da experiência e aconselharam fortemente a prestar atenção aos comportamentos anormais dos animais.

Infelizmente, mais tarde, sempre na China, apesar das estradas ocupadas por milhares de batráquios que fugiram de um sismo alguns dias antes, a população de Sichuan, continuava tranquilamente nas suas ocupações sem ter o reflexo de salvarem-se, como as rãs e os sapos, o mais longe possível desses lugares onde um sismo terrível a 12 de maio de 2008 ceifou por sua vez mais de 80 000 vidas humanas. Este êxodo dos batráquios era totalmente espectacular, até fotografias foram divulgadas na internet. Em algumas fotos, podemos ver pessoas, provavelmente que já não estão vivas hoje, pedalar tranquilamente na sua bicicleta em estradas invadidas por milhares de rãs.[3] Este fenómeno com batráquios foi também visto em Itália no decorrer de um sismo em Roma a 6 de Abril de 2009[4] e várias outras circunstâncias cujos testemunhos foram facilmente encontrados na internet.[5]

Outros animais também demonstraram as suas capacidades de pressentir o perigo em catástrofes naturais. Por exemplo, no Sri Lanka, depois do terrível tsunami que devastou o parque natural de Yala, a 26 de Dezembro de 2004, nenhum elefante morreu. Este tsunami fez mais de 300 000 mortos ou desaparecidos na Tailândia, na Índia do Sul, nas Maldivas, Seychelles, na ilha Maurícia, em Madagáscar e sobre a costa Leste de África e no entanto, as autoridades do Sri Lanka afirmaram que não encontraram nenhum elefante morto. Esses animais assim como outros animais

---

[3] http://heavenawaits.wordpress.com/frogs-predicting-earthquakes/
[4] http://www.allvoices.com/contributed-news/5542154-is-frog-species-have-earthquake-forecast
[5] Sismo de Aquila ,Itália http://www.guardian.co.uk/science/2010/mar/31/toads-detect-earthquakes-study

selvagens do parque abrigaram-se antes do desencadeamento dos elementos[6].

Em Martinica, em 1902 a erupção do Monte Pelé matou 30 000 habitantes em Saint-Pierre, mas os animais selvagens eles, sentindo a vinda da erupção fugiram e salvaram-se.

Através destes exemplos escolhidos entre outros, só podemos ficar chocados ao chegar às seguintes conclusões:

- pelo facto de os animais terem conservado esta faculdade natural, prática, de pressentir conscientemente o perigo, às vezes vários dias antes do desencadeamento dos elementos.

- e pelo facto que nas mesmas circunstâncias, quase todos os seres humanos nada pressentiram.

Poderíamos ter a tentação de concluir como outros investigadores que os animais têm capacidades nitidamente superiores às dos seres humanos no domínio da detecção de perigos do seu ambiente, porém não é verdade. Efectivamente, se o ser humano utilizasse as suas capacidades naturais, ele ultrapassaria de longe todos os animais do planeta.

É ao observar ao longo de mais de vinte anos as ligações entre os sonhos e a realidade que pude

---

[6]http://weblog.sinteur.com/2004/12/tsunami-kills-few-animals-in-sri-lanka

constatar que os seres humanos têm capacidades ainda mais sofisticadas que às dos animais para preservarem-se de todo o tipo de perigo ; para além dos perigos naturais.

Mas, não sou a única pessoa, longe disso, que pôde constatar que o ser humano é capaz de detectar os perigos do seu ambiente de uma forma ainda mais precisa que os animais. Há vários testemunhos históricos que relatam tais capacidades em todas as épocas. Alguns testemunhos dizem respeito a pessoas que foram alertadas dos perigos através dos sonhos, e puderam ou não escapar da realidade conforme as decisões tomadas depois desses sonhos de alerta. Outros testemunhos dizem respeito a pessoas que tiveram a capacidade directamente em estado de vigília de pressentir as perturbações da Natureza. Vou descrever-vos, no capítulo seguinte, alguns exemplos mais chocantes, escolhidos entre outros.

CAPÍTULO 2:

EXEMPLOS HISTÓRICOS DE PESSOAS QUE GUARDARAM A CAPACIDADE DE PRESSENTIR OS PERIGOS DO SEU AMBIENTE

Em todos os tempos, houve seres humanos que foram capazes de perceber os perigos do seu ambiente seja directamente em estado de vigília, seja durante o sono. Goethe era capaz de pressentir os sismos que aconteciam em terras longínquas, enquanto o tristemente célebre Adolph Hitler salvou a sua vida graças a um sonho.

Johann Peter Eckermann que fora o secretário de Goethe durante os nove últimos anos de vida deste último, escreveu em 1838 uma obra intitulada: *Conversas com Goethe*.[7] Neste livro, Eckermann testemunha o facto que Goethe era capaz de perceber em estado de vigília sismos que aconteciam em lugares situados a uma grande distância do lugar onde ele se encontrava.[8]

Durante uma noite de Novembro 1917, na batalha franco-alemã de Somme, Adolph Hitler, na época um jovem cabo, acordou assustado por um terrível pesadelo. Sonhava que se encontrava em agonia,

---

[7] Título original alemão : *Gespräche mit Goethe*
[8] Outros exemplos citados neste site :
http://www.answers.com/topic/earthquake-prediction#ixzz1oYvA9qYs

coberto por destroços de um prédio. Para acalmar o seu temor, ele saiu do prédio no qual dormia com os seus companheiros de regimento, para arejar, dizendo-se a si próprio que felizmente era apenas um pesadelo. Porém, alguns instantes mais tarde, uma bomba caiu sobre o prédio do qual tinha acabado de sair e matou todos os outros soldados que lá dormiam.[9]

No caso de Adolph Hitler, tendo em conta a personagem, ficaria muito admirada, que ele tenha beneficiado nestas circunstâncias de uma intervenção divina para salvar-lhe a vida. Ele simplesmente captou naturalmente graças ao seu subconsciente o perigo que o espreitava. Era visivelmente mais sensível que todos os seus infelizes companheiros de regimento e tinha uma melhor comunicação com o seu subconsciente e o seu corpo e um melhor instinto. Quero acrescentar que acontece com alguma frequência que pessoas habitualmente muito racionais, que sonham pouco e que não prestam atenção aos seus sonhos caem abruptamente na superstição ou na crença em uma intervenção divina quando elas foram salvas de um perigo graças a um sonho. Apesar de em alguns casos, não possamos excluir totalmente a possibilidade de uma intervenção sobrenatural, a maioria das vezes sonhar com um perigo ameaçador é um fenómeno natural, completamente explicável e ligado à nossa faculdade subconsciente de perceber os perigos do nosso ambiente com a finalidade de preservar a nossa vida.

---

[9] Your dreams and what they mean, Nerys Dee, p. 28

Historicamente mais longe, encontramos na época romana um testemunho de sonho de alerta de perigo emanado de Calpúrnia, a mulher de Júlio César. Calpúrnia fora a última esposa de Júlio César até a sua morte em 44 antes de Cristo. Uma noite, ela sonhou com o assassinato do seu marido no Senado e ela alertou-o, suplicando-o para que se protegesse. César não a escutou, foi normalmente ao Senado onde ele fora efectivamente assassinado.[10]

Através deste exemplo, podemos ver que César que estava directamente em perigo não tinha tido nenhum sonho e parecia não atribuir nenhuma importância aos sonhos, pelo menos aos da sua esposa. Ora, quando se vive em casal ou em família, é frequente que uns têm sonhos que contêm informações dos outros membros da família. Falarei mais tarde deste fenómeno natural e as razões pelo qual ele se produz. Agora, irei citar outro exemplo histórico, o de antigo presidente dos Estados Unidos.

Nos Estados Unidos, uma dezena de dias antes do seu assassinato, o presidente Abraham Lincoln tinha tido um sonho que o marcara tanto que ele sentiu a necessidade de partilhar com os seus próximos. Entre eles encontrava-se Ward Hill Lamon que relatou, nestes termos, numa obra intitulada : *Recollections of*

---

[10] http://fr.wikipedia.org/wiki/Calpurnia_Pisonis

Abraham Lincoln 1847-1865, o sonho que Abraham Lincoln tinha contado então[11]:

«Faz hoje dez dias, retirei-me muito tarde. Fiquei acordado à espera de notícias importantes da frente. Como estava cansado, acabei por adormecer pouco

---

[11] P. 116-117, Texto original: "About ten days ago, I retired very late. I had been up waiting for important dispatches from the front. I could not have been long in bed when I fell into a slumber, for I was weary. I soon began to dream. There seemed to be a death-like stillness about me. Then I heard subdued sobs, as if a number of people were weeping. I thought I left my bed and wandered downstairs. There the silence was broken by the same pitiful sobbing, but the mourners were invisible. I went from room to room; no living person was in sight, but the same mournful sounds of distress met me as I passed along. I saw light in all the rooms; every object was familiar to me; but where were all the people who were grieving as if their hearts would break? I was puzzled and alarmed. What could be the meaning of all this? Determined to find the cause of a state of things so mysterious and so shocking, I kept on until I arrived at the East Room, which I entered. There I met with a sickening surprise. Before me was a catafalque, on which rested a corpse wrapped in funeral vestments. Around it were stationed soldiers who were acting as guards; and there was a throng of people, gazing mournfully upon the corpse, whose face was covered, others weeping pitifully. 'Who is dead in the White House?' I demanded of one of the soldiers, 'The President,' was his answer; 'he was killed by an assassin.' Then came a loud burst of grief from the crowd, which woke me from my dream. I slept no more that night; and although it was only a dream, I have been strangely annoyed by it ever since."

tempo depois. Comecei logo a sonhar. À minha volta, parecia que estava um silêncio de morte. Depois ouvi choros, como se várias pessoas estivessem a chorar. Penso que levantei-me e desci. Ali, o silêncio era quebrado pelos mesmos choros, mas as pessoas que choravam eram invisíveis. Andei de quarto em quarto ; não se via nenhum ser vivo mas o choro continuava enquanto eu andava. Via luz em todos os quartos ; cada objecto parecia-me familiar; mas onde estavam as pessoas que choravam desalmadamente? Estava perplexo e assustado. Qual era o significado de tudo isto? Determinado a encontrar a causa de um estado de coisas tão misterioso e tão chocante, continuei a avançar até East Room na qual entrei. Lá, enfrentei uma surpresa comovente. À minha frente, estava uma urna na qual se encontrava um corpo vestido com roupas funerárias. À volta do corpo encontravam-se soldados que estavam de guarda, e havia uma multidão com as caras cobertas que olhavam para o corpo com lamento, os outros choravam miseravelmente. «Quem morreu na Casa Branca ?» perguntei a um dos soldados. «O Presidente» respondeu-me ; «Foi assassinado». Então ouvi um lamento ruidoso no meio da multidão que me acordou. Não consegui dormir mais durante essa noite ; e apesar de ser um sonho, fiquei desde aí estranhamente perturbado.»

Três dias mais tarde, quando ele estava no teatro com a sua esposa, o presidente Abraham Lincoln fora assassinado na sua suite presidencial por um actor e opositor político.

O naufrágio do Titanic a 14 de Abril de 1912 foi – segundo a pesquisa efectuada por Ian Stevenson – visto em sonhos por alguns viajantes que anularam a sua viagem.[12]

A 21 de Outubro de 1966 em Aberfan, pequena aldeia mineira de Inglaterra uma escola ficara enterrada sob uma avalanche de 500 toneladas de detritos mineiros fazendo 144 mortes na sua maioria crianças. Entre elas encontrava-se Eryl Mai Jones de 10 anos que sonhara com o acontecimento duas semanas antes. Ela tinha dito à sua mãe que ela não temia a morte, porque morreria na companhia dos seus colegas de turma Peter e June. Na manhã de 20 de Outubro, ela disse à sua mãe que ela tinha sonhado o seguinte : «Mãe, quero falar-te de um sonho que tive na noite passada. Sonhei que ia à escola e a escola já não estava lá. Ela estava toda coberta com uma coisa negra.» [13]

Se essa criança fosse a minha filha, tentaria saber mais desde o seu primeiro sonho, teria feito uma pesquisa sobre os sonhos das outras crianças da sua escola e eu mesma teria sonhado com o acontecimento e tentado fazer algo para salvar a vida de todas essas crianças.

---

[12] *Histoires Paranormales du Titanic*, Bertrand Méheust, J'ai lu, 2006
[13] The New World of Dreams, Woods And Greenhouse, p. 86 ; Ver também o site: http://www.metapsychique.org/Prevision-de-desastres.html; Ver também o artigo publicado no British Journal of the Society for Psychic Research (vol. 44), 1967

Através destes exemplos, é fácil de entender que alguns seres humanos são ainda mais dotados do que alguns animais para perceber graças aos seus sonhos os riscos do seu ambiente, naturais ou não. Pensámos desde logo, por que motivo os poderes públicos no mundo não criam organismos de registo dos sonhos catastróficos para ajudar as populações?

Como iremos ver, tais organismos foram efectivamente estabelecidos, mas estas iniciativas foram um fracasso cujos motivos explicaremos à luz das nossas próprias pesquisas sobre as conexões entre o sonho, a vida real e o ambiente físico e energético dos sonhos.

CAPÍTULO 3:

O FRACASSO DOS «ESCRITÓRIOS DE REGISTO DE SONHOS CATASTRÓFICOS» E OS SEUS MOTIVOS

Um psiquiatra inglês, o Dr. Baker ficou tão chocado pelos acontecimentos de Aberfan que decidiu criar em Janeiro de 1967 o *British Premonition Bureau*. Ele pensava que graças a esse escritório, seria possível alertar as populações e de salvar as suas vidas. Um ano mais tarde, dentro do mesmo género, os Americanos criaram por sua vez, em Nova Iorque, o *Central Premonition Bureau*. Outro escritório foi criado também na Bélgica.

Infelizmente, sabemos, pela imprensa da época, que as experiências inglesas e americanas não foram conclusivas. Os escritórios, por um lado, receberam vários sonhos catastróficos que nunca se concretizaram, e que não passaram de «falsos alertas». Por outro lado, registaram um pequeno número de sonhos que seriam de facto premonitórios.

Por falta de eficácia, os dois escritórios decidiram parar as suas actividades. Porém, uma mudança nos procedimentos lhes teriam permitido atingir os objectivos para os quais foram criados.

O facto de os escritórios terem recebido principalmente falsos alertas não é de admirar visto que todo o mundo, conhecendo ou não o seu «terreno onírico» tendo feito ou não um trabalho pessoal para compreender os seus sonhos poderia enviar os seus sonhos, ou melhor dizendo os seus pesadelos! Ora, para saber se um sonho é um verdadeiro sonho de alerta não basta tomar conhecimento do sonho e registá-lo. É necessário, também, informações adicionais sobre a vida diurna do sonhador que enviou esse sonho, o seu estado de saúde físico e psicológico, as suas actividades no ou nos dias que precederam o sonho, as refeições e bebidas tomadas, o que viu na televisão ou no cinema, o lugar onde dormiu e eventualmente a ou as pessoas junto das quais dormiu, o seu estado de relaxamento ou stress, e outras informações que falarei mais tarde no livro dando exemplo de sonhos de falsos alertas e das suas causas relacionadas com o modo de vida dos sonhadores.

Todas essas informações são evidentemente muito pessoais e nenhuma população desejaria, apesar de ser uma boa causa, que um organismo público (ou não) pudesse interferir a esse ponto na sua vida privada. Então o que teríamos de fazer?

Colectivamente, seria mais sensato que cada um aprendesse a servir-se dos sonhos de forma autónoma e para além disso um ou mais organismos de «vigília onírica das catástrofes» que reunisse sonhadores competentes e formados fosse criado. Idealmente, todo o mundo deveria aprender a recuperar as informações úteis dos sonhos e a sonhar melhor. Todos nós deveríamos conhecer perfeitamente o nosso «terreno onírico» e podermos distinguir assim os verdadeiros sonhos de alerta e os simples pesadelos.

Se pudessem ser criados em todo o mundo organismos públicos que reunissem pessoas muito dotadas nesse domínio e colaborar entre elas, isso seria formidável. Mas a melhor forma de se proteger dos perigos a título pessoal (e também para poder alertar os seus próximos) consiste no seu desenvolvimento pessoal. Além do mais é acessível a quase todo o mundo com um pouco de trabalho diário durante um ano e uma boa higiene de vida. Desenvolvendo a nossa própria capacidade natural de perceber os perigos, evitámos a angústia provocada regularmente por pessoas que anunciam - de boa ou má-fé - a iminência de terríveis cataclismos, ou mesmo o fim do mundo!

Este trabalho pessoal consiste em observar de uma certa forma os seus sonhos e a sua realidade para compreender melhor como o corpo comunica as informações ao cérebro e vice-versa.

Ao ter um caderno de sonhos e de realidade segundo a metodologia explicada mais à frente, poderá compreender como o vosso corpo funciona no plano informativo. Graças a esta compreensão, poderá tirar partido dos seus sonhos para ser alertado muito tempo antes dos perigos que vos ameaçam.

No capítulo seguinte, vou explicar como funciona o corpo humano na junção do visível e do invisível e como é possível tirar partido desta faculdade para «recuperar» o máximo de informação próprias a assegurar a vossa sobrevivência num ambiente (natural, tecnológico ou humano) que prepara-se para tornar-se hostil.

CAPÍTULO 4:

O FUNCIONAMENTO INFORMATIVO DO CORPO HUMANO NA JUNÇÃO DO SONHO À REALIDADE

O que vou explicar aqui é fruto das minhas pesquisas pessoais durante um longo período. Isto ajudará, espero eu, a compreender como é que o seu corpo funciona na junção do sonho à realidade, do visível e do invisível e a aprender a tirar melhor partido desse fenómeno.

Apesar de no mundo ocidental, interessarmo-nos principalmente com o aspecto material da existência, o nosso corpo não o é menos, simultaneamente a nível material e imaterial. Dito de outra forma, todos temos uma dimensão simultaneamente corporal/material e energética/informativa. Enquanto campo informativo, o nosso corpo é simultaneamente emissor, receptor e descodificador de informações/energias.

A maioria das actividades corporais do tipo informativo acontece muitas vezes sem que tenhamos consciência delas. Graças a sua sensibilidade às energias, vibrações e informações intangíveis do seu ambiente próximo ou longínquo, o corpo está muito mais apto do que a mente no que diz respeito à percepção as modificações do seu ambiente e a captar as informações, energias, emoções ou pensamentos dos outros seres vivos

Na sua dimensão informativa, cada ser vivo está rodeado por uma bolha de energia / informação dentro da qual circulam as informações emitidas no ambiente e as informações provenientes do ambiente. Este processo é como uma respiração ininterrupta, tanto em estado de vigília como durante o sono.

No estado de vigília, o cérebro consciente do homem moderno está na maior parte do tempo desconectado das sensações do corpo e por isso não beneficia das informações úteis que o seu corpo poderia transmitir-lhe se, tal como os animais selvagens, teria guardado o contacto com ele. Durante os sonhos, na maioria dos casos, não é a mente que domina, logo é um momento privilegiado para o corpo para transmitir ao cérebro adormecido informações que não chegaram no estado de vigília. Essas informações podem estar relacionadas com a qualidade energética do seu ambiente mas também das pessoas encontradas ao longo do dia anterior.

Efectivamente, quando as pessoas encontram-se, mesmo sem haver contacto físico, os seus corpos através das suas «bolhas informativas»[14] trocam todo o tipo de informações. Nós «fazemos um scan» uns dos outros desde o primeiro contacto e armazenamos nos

---

[14] Segundo as várias tradições espirituais que observaram também este fenómeno, poderíamos dizer também : através das suas auras, ou através dos seus corpos subtis ou etéreos, etc. Max preferimos manter nesta obra um vocabulário não religioso, para que este livro seja utilizado por todos, crentes e ateus.

nossos subconscientes todo o tipo de informações sobre os nossos interlocutores (o seu nível de energia vital, a sua história, o lugar de onde vêem, o seu estado emocional, o seu estado de saúde, o seu passado próximo e longínquo, o seu património genético, etc.) enquanto a nossa mente trata a maior parte do tempo do discurso da pessoa encontrada, da sua aparência, da sua roupa, e do seu estatuto social! Algumas informações captadas pelo corpo, chegarão à consciência graças aos sonhos, mas poderão às vezes ser deturpadas ou simbólicas logo incompreensíveis às pessoas que não estão acostumadas à linguagem onírica, que é também em grande parte a linguagem da natureza. Quando deslocamo-nos a um lugar qualquer, enquanto a nossa mente observa com os olhos, escuta com os ouvidos, sente com o nariz, o nosso corpo sente com a planta dos pés, com as palmas das mãos e através da pele as energias e as vibrações dos lugares. Todas estas sensações recolhidas pelo corpo[15] são sentidas com maior ou menor intensidade segundo os indivíduos como sendo o ambiente dos lugares. É capaz de sentir a diferença entre a atmosfera energética de uma igreja, de um bar, de uma praia soalheira, de uma floresta na

---

[15] Algumas tradições espirituais ensinam que o ser humano capta estas informações através da sua aura ou corpo etéreo. Este fenómeno mesmo se não prestar muita atenção dá-nos a sensação de uma segunda pele a uma distância variável de alguns centímetros a vários metros conforme as pessoas. Depois, temos de passar pelo corpo material para que as informações possam chegar à consciência diurna graças ao cérebro, através do canal dos sonhos e da intuição.

primavera, de um cemitério ou de um hospital? Ou pertence ao grupo de indivíduos dominados pela mente que já não têm o instinto de fugir de alguns lugares (habitações, restaurantes, boutiques, matadouros, etc.) materialmente bonitos, mas energeticamente nocivos, porque eles já não sentem de forma consciente a nocividade energética de alguns lugares e deixam-se seduzir por uma aparente harmonia material?

Quer faça parte do primeiro ou do segundo grupo de indivíduos, tem todo o interesse em desenvolver a vossa capacidade de comunicar com o vosso corpo. É muito fácil de fazer, basta observar durante algum tempo as relações entre os sonhos e a realidade utilizando o método que explicarei de seguida.

CAPÍTULO 5:

COMO DESENVOLVER AS SUAS PERCEPÇÕES UTILIZANDO OS SEUS SONHOS

Explico aqui rapidamente o procedimento. Poderá contentar-se com este livro para fazer as suas experiências e desenvolver as suas capacidades de perceber os perigos do seu ambiente independentemente da sua natureza. Se quiser saber mais e aprofundar o assunto, poderá também ler a minha obra *La signification des rêves*[16] que lhe dará informações mais detalhadas e explicará também outras coisas possíveis de concretizar com os sonhos.

De manhã, ao acordar, não acenda o rádio, não se precipite sobre o seu computador, não pense nas actividades do dia. Fique um pouco na cama, tente lembrar-se dos seus sonhos. Se não se lembrar de nada, mude de posição na cama, depois sente-se e tente lembrar-se ainda dos seus sonhos. Ao fazer isto, verá que aos poucos irá melhorar a sua capacidade de lembrança dos seus sonhos. É necessário prestar atenção aos sonhos para que a faculdade de sonhar e de

---

[16] *La Signification des Rêves*, Anna Mancini, Editions Buenos Books International, Paris (Trata-se da segunda edição de Intelligence des rêves). Esta obra foi também traduzida em Italiano (*Il significato dei Sogni*), Inglês (*The Meaning of Dreams*) e em Espanhol (*El Significado de los Sueños*).

lembrar-se deles se desenvolva. Se inicialmente, não consegue lembrar-se dos seus sonhos, anote então num caderno (ou em qualquer outro suporte que vos é conveniente: registo áudio, iPad, computador, etc.) o seu estado de espírito, e o seu estado físico ao acordar, assim como os pensamentos que ocorrem ao despertar. Podem ser às vezes refrões de algumas canções, anote tudo isso e anote também as grandes linhas da vossa realidade como explicarei um pouco mais à frente.

A maioria das pessoas que afirma que não se lembram dos seus sonhos são pessoas que não dormiram o suficiente. Muitas vezes, basta que essas pessoas dormem para que a sua «máquina de sonhar» volte a funcionar de novo. Quando não é a falta de sono que está em causa, basta aplicar algumas das técnicas que se encontram no fim do livro na parte intitulada «Respostas às questões frequentes», para encontrar e desenvolver as memórias dos sonhos.

Gosto muito de acompanhar os casos difíceis e de ver como a vida dessas pessoas transforma-se de uma forma positiva, em todos os níveis, quando eles têm novamente acesso às informações dos seus sonhos.

Quando se lembrar dos seus sonhos, será conveniente anotar o máximo de detalhes, como se estivesse a relatar um filme que está a ver. Para além da história, no caso de haver uma, anote os seus sentimentos, a situação no espaço e em relação a si dos objectos, animais, das outras personagens. Anote tudo o que sentiu «corporalmente» no seu sonho, os sons, os cheiros, os sentimentos de bem-estar ou indisposição, a intensidade das cores, etc. Anote as cores das roupas das personagens dos seus sonhos, a qualidade do pêlo dos animais, a cor dos seus olhos etc.

No que diz respeito à realidade, poderá ser muito mais conciso. Basta anotar as grandes linhas da sua actividade da vigília, assinalar as pessoas que encontrou, o que leu, o que viu na televisão, na internet, escutou na rádio, etc. Anote também o que comeu, os lugares para onde foi, o lugar onde adormeceu (se não é o seu quarto habitual), a pessoa junto da qual adormeceu e se teve relações sexuais e com quem. Anote também a vossa disposição do dia (excelente, boa, má), a sua forma física (grande forma, fadiga, dores, doença, bem-estar). Sentiu tonturas, constipação, as pernas pesadas, problemas de saúde física ? Sentiu-se feliz, deprimido, nervoso, etc. Anote tudo. Anote também qualquer informação adicional que achará útil em função das suas actividades, dos seus projectos em curso ou da sua vida afectiva.

Estará talvez surpreendido enquanto estou a aconselhar a tomar notas das vossas relações sexuais ? Verá ao fazer o seu trabalho de observação as ligações entre os seus sonhos e a sua realidade que quando temos uma troca sexual, acontece de uma forma invisível coisas importantes das quais não temos consciência normalmente: trocamos as nossas energias, as vibrações, a nossa história, a nossa envolvência energética e guardamos todas essas informações no nosso «sistema» durante algum tempo, antes de livrarmo-nos de uma boa parte. Assim, quando temos relações sexuais com uma nova pessoa, os nossos sonhos transformam-se consequentemente e podemos sonhar informações que na realidade relacionam-se com o nosso parceiro. Haveria muito a escrever sobre este tema! É a si que compete a observação dos acontecimentos, e de tirar daí as lições para a sua vida amorosa.

No que diz respeito aos sonhos, não hesite em anotar todas as suas lembranças, até àquelas informações perturbadoras, que parecem não ter qualquer importância, estúpidas até. Trabalhe na maior neutralidade, sem julgar, sem deturpar, como se estaria a descrever um filme desempenhado por outros. Sobretudo, deixe correr livremente os seus pensamentos, ideias, sentimentos. Não julgue, não preste atenção à forma nem à ortografia. Acontece que os erros ortográficos sejam às vezes a chave de interpretação de um sonho. Mesmo se acha que não «sabe redigir», não faça caso. Isto não tem importância nenhuma para o seu objectivo e quando anotar os seus sonhos e a sua realidade, faça-o em toda a liberdade, sem qualquer censura.

No princípio do seu trabalho de anotação, não procure interpretar os seus sonhos. Nesta fase, é inútil e poderá fazê-lo mais eficazmente e com uma grande facilidade depois de algum tempo de anotação dos seus sonhos e da sua realidade. Efectivamente, quando reunir material suficiente, bastará ler de seguida o seu caderno e verá aparecer as conexões entre os seus sonhos e a sua realidade. Por outros termos, verá que um tipo de símbolo onírico aparece simultaneamente com um tipo de situação semelhante vivida na realidade. Esta concomitância permitir-vos-á descodificar de um modo preciso o significado do seu simbolismo onírico. Explico isto detalhadamente no fim desta obra em «Respostas às questões frequentes» onde se encontram conselhos para interpretar os vossos sonhos graças ao método de observação das conexões entre os seus sonhos e a sua realidade.

É importante acostumar-se à linguagem dos seus sonhos e de compreender o seu próprio código onírico porque às vezes os sonhos que servem de alerta dos perigos podem ser simbólicos e convém saber interpretá-los.

Por exemplo, um dos meus amigos exercendo a actividade paramédica como profissional liberal confiou-me um dia um sonho que o tinha marcado no qual ele via que a sua mais próxima colaboradora roubava a caixa. Este sonho era tão forte e parecia tão real que apesar da confiança que tinha em relação a esta colaboradora que trabalhava com ele durante vários anos, controlou a caixa sem notar nenhuma anomalia. Pensou então que o seu sonho seria falso, mas afinal tratava-se apenas de um sonho simbólico. Efectivamente, ele soube um pouco mais tarde através dos seus clientes que a sua colaboradora mais próxima afugentava a clientela sabotando a reputação do seu patrão. O que aparecia no sonho do meu amigo como «roubar a caixa». Este amigo poderia ter percebido à primeira o seu sonho e reagir mais depressa, se tivesse um caderno de sonhos e de realidade. Mas não era o caso.

Através deste exemplo, compreendemos o interesse de compreender o significado dos sonhos simbólicos. Mas, é preciso ser paciente e não queimar etapas. O mais importante num primeiro tempo para o objectivo que nos interessa (a saber o desenvolvimento da faculdade de pressentir os perigos) é de treinar o consciente, o subconsciente e o corpo a comunicar melhor. A compreensão do significado dos seus sonhos virá à luz por si só uma vez que o seu corpo, o seu subconsciente e o seu consciente terão estabelecidos novamente as pontes que o modo de vida moderna cortou dentro da maioria de nós

Inicialmente então, não procure compreender os seus sonhos com a vossa mente. Em vez disso, deixe em cada manhã, as informações, o ambiente, as imagens e as cores dos seus sonhos atinjam a superfície da sua consciência sem julgá-los. Aceite-os, viva-os num estado de meditação. Verá que às vezes, assim que começar a escrever o pedaço de sonho infeliz que se lembrar, outros sonhos inteiros surgirão de repente na sua memória. Basta ter um pouco de tempo para si mesmo de manhã, relaxar e mergulhar no seu interior em vez de pensa rem todas as obrigações do dia.

Ao seguir este procedimento tão simples durante algum tempo, facilitará a comunicação entre o seu consciente, o subconsciente e o seu corpo e estará aos poucos nas condições óptimas para serem alertados dos perigos que poderiam acontecer no seu ambiente imediato (e em algumas circunstâncias mesmo muito longe). A vida moderna cortou-nos pouco a pouco a conexão ao nosso sentido corporal, à nossa vida interior e à natureza, principalmente porque a mente e as actividades diurnas que temos em ambientes cada vez mais artificiais dominam o nosso dia-a-dia. Mas nada nos impede de aprender a tirar partido de novo das capacidades que temos todos no estado latente e que manifestam-se hoje principalmente através do estado de sonho.

Ao retomar o contacto com a sua vida interior, o seu subconsciente e com o seu corpo e através deste último com a Natureza, estará cada vez mais apto a pressentir, tal como os animais, o que se passa no seu ambiente energético e poderá também abrigar-se antes do desencadeamento de acontecimentos tais como: sismos, maremotos, tornados, avalanches, erupções vulcânicas, etc. Poderá mesmo ir mais longe que os animais e saber, por exemplo, se há falhas técnicas numa central nuclear próxima ou num avião, automóvel ou no barco no qual pretende viajar.

Tudo isto pode parecer-lhe maravilhoso, paranormal, impossível até. Não lhe peço que acredite em mim, mas de fazer seriamente o vosso próprio trabalho de observação das conexões entre os seus sonhos e a sua realidade. Poderá ver também então, quando terá reunido informações oníricas e diurnas suficientes, que os acontecimentos futuros são apresentados nos sonhos muito antes da sua ocorrência na realidade. De facto, observar desta forma as conexões entre sonhos e realidade demonstra que não vivemos a vida no sentido em que acreditamos. Tudo parece acontecer no sentido inverso. Ou seja, tudo o que vivemos na realidade, criamo-lo primeiro ao nível energético/informativo/vital no sonho. É como se na realidade estejamos apenas a concretizar os acontecimentos que criamos sós ou com outras pessoas no mundo energético do sonho.

Porém, é claro que apesar do sonho construir a nossa realidade, a realidade influencia por sua vez o sonho, porque podemos captar através do nosso corpo no estado de vigília, todo o tipo de influências e de informações que irão misturar-se à trama energética dos sonhos com os quais «fabricamos» todos o essencial da nossa vida e do nosso futuro. Este aspecto da vida humana foi muito bem conhecido por exemplo pelos antigos Maias que ensinavam a arte de «semear e fazer crescer sonhos». É também neste mundo energético dos sonhos que duplica o nosso «mundo real» que são impulsionados os xamãs de várias tradições em estado de transe. Eles operam assim mudanças a um nível energético a montante da manifestação material de alguns acontecimentos podendo assim alterar o seu curso. É possível para mim fazer o mesmo directamente no sonho e no estado de sonho. Ou seja, com a sua autorização, entro nos sonhos das pessoas que eu aconselho para ajudá-las a regular alguns problemas quando ainda não são desenvolvidas o suficiente para fazê-lo elas próprias.

Apesar de todos os resultados tangíveis obtidos durante milénios pelos xamãs de várias tradições que utilizam a energia do sonho, existe sempre no Ocidente vários investigadores, nomeadamente no domínio da lucidez onírica que pensam que os sonhos só acontecem na cabeça do sonhador, que sonharia sempre de forma isolada. Ora, se é verdade que alguns sonhos só dizem respeito ao sonhador e acontece no seu corpo e no seu cérebro, uma observação das conexões entre o sonho e a realidade de um mesmo sonhador denotará rapidamente que ele não sonha de uma forma isolada e que no estado de sonho o seu corpo e o seu espírito trocam informações e energias com o ambiente e com outros sonhadores.

O Marquês Hervey de Saint Denys, precursor ocidental no domínio da lucidez onírica pensava que cada pessoa sonhava de forma isolada. Porém, Hervey de Saint Denys era um sonhador lúcido muito dotado e cheio de imaginação para inventar experiências. Escreveu em 1867 uma obra intitulada : *Des rêves et des Moyens de les Diriger*[17] que relata as suas experiências nesta área e que é sempre considerada a bíblia dos investigadores sobre a lucidez onírica. A sua obra é muito importante, mesmo se apesar das evidências e as suas próprias experiências, persistiu no pensamento que ele sonhava de uma forma isolada.

---

[17] Hervey de Saint Denys, *Des rêves et des Moyens de les Diriger*, Editions Buenos Books International, www.buenosbooks.fr

Existe como escreve Robert Moss[18] uma espécie de internet psíquica. Sendo que esta rede é particularmente activa no estado de sonho. A existência desta «Internet psíquica» permite aos nossos subconscientes a troca de informações, e por exemplo, captar os perigos do ambiente e de estar ao corrente dos pensamentos dos indivíduos que podem apresentar-nos um perigo. É graças a esta capacidade de troca de informações no estado de sonho que pôde ser prevenida dos atentados de Nova Iorque.

O sonho mais marcante de perigo feito ao longo da minha vida dizia respeito, efectivamente, aos atentados do 11 de Setembro de 2001 em Nova Iorque. Uma noite de Julho 2001, acordei após ter tido um sonho muito claro no qual via algo que se parecia a grandes bombas brancas cair sobre os prédios de Manhattan. No meu sonho, Nova Iorque estava em guerra. Olhava esta cena muito serenamente, depois via-me a andar calmamente com uma multidão de Americanos, numa rua de Manhattan. Na véspera, tinha começado a organizar a minha viagem para o mês de Setembro em Nova Iorque e tinha pesquisado na internet para encontrar um alojamento. Este sonho fez-me reflectir muito. Era tão forte, tão especial, mas «a guerra em Nova Iorque», racionalmente parecia-me tão inacreditável e completamente improvável. Finalmente, depois de hesitar muito, decidi reservar na mesma o meu bilhete de avião e de ira à Nova Iorque em

---

[18] Robert Moss, Dreaming True, How to dream your future and change your life for the better, Pocket Books, New York, 2000

Setembro de 2001. Tomei esta decisão, porque apesar «da guerra de Nova Iorque» anunciada nesse sonho, via também que estava viva, que não tinha qualquer problema e que caminhava calmamente na multidão numa rua de Manhattan. Pessoalmente, não corria então nenhum risco ao deslocar-me à Nova Iorque, mesmo no caso onde «a guerra» muito improvável anunciada pelo meu sonho iria acontecer. A 11 de Setembro de 2001, estava então em Manhattan num apartamento que aluguei na 14ª rua a Este da cidade. Depois de ter trabalhado toda a manhã, saí para almoçar e constatei que não havia nenhuma circulação automóvel no quarteirão. A rua era invadida por uma multidão de peões que andavam em silêncio em direcção da ponte de Brooklyn. Juntei-me a eles, porque apetecia-me ir na mesma direcção. Enquanto caminhava nesta multidão, pensei que haveria uma festa nesse dia. Mas, rapidamente, senti que não era um ambiente festivo mas sim uma terrível atmosfera de catástrofe. Perguntei então a um agente de polícia que estava lá por que motiva via-se fumo ao longe no sentido de Battery Park. Disse-me então que tinha havido um atentado e que as Twin Towers tinham desmoronado. Subitamente, o sonho feito no mês de Julho voltou à minha memória e compreendi que, tal como no sonho, estava calmamente a caminhar na multidão enquanto «uma guerra acontecia em Nova Iorque». O meu sonho do mês de Julho apesar da pouca probabilidade que lhe atribuía racionalmente era de facto um verdadeiro sonho de anúncio de catástrofe. O que significa que no momento em que tinha sonhado, estes acontecimentos já tinham sido apresentados no estado energético no «mundo paralelo» do sonho, e talvez mesmo antes do mês de Julho. Captei-os em Julho porque foi no mês de Julho que tinha começado os preparativos para a minha viagem até Nova Iorque em Setembro. Se não tivesse projectado a minha viagem nessa data, talvez não teria sonhado estes atentados. Efectivamente, na maioria dos casos, sonhamos perigos que ameaçam-nos pessoalmente ou que ameaçam os seres que amamos e que contam para nós de uma forma ou de outra. Felizmente o nosso cérebro filtra as informações subconscientes, senão, com toda a miséria que existe ainda neste mundo, as nossas noites seriam uma sequência infinita de miseráveis pesadelos!

Podemos ver, através deste exemplo, que é possível sermos prevenidos graças aos nossos sonhos de todo o tipo de perigos e não só das catástrofes naturais. Podemos captar também durante o nosso sono (e para as pessoas muito dotadas directamente no estado de vigília) todos os tipos de informações que necessitamos. Basta para isso aprender a utilizar melhor a sua faculdade de sonhar. É fácil de fazer seguindo a metodologia de observações das conexões entre os sonhos e a realidade que eu explico neste livro.

Ao fazer o seu próprio trabalho de observação, poderá também ser alertado em sonho dos perigos que vos ameaçam. Poderá também como já me aconteceu ser alertado em sonho das intenções de criminosos, por exemplo, assaltantes e, ou bem despistá-los se tal é possível ou limitar os danos.

Para pôr todas as possibilidades do seu lado para desenvolver a sua faculdade de sentir os perigos do ambiente, convém porém respeitar também algumas regras básicas de higiene de vida. A primeira entre elas consiste em dormir o suficiente. De facto, quando não se dorme o suficiente, é – quase sempre- extremamente difícil lembrar-se dos seus sonhos. Convém evitar também sempre que possível :

-excitantes tais como o café, o álcool, o chá, a carne, etc.

-drogas

-medicamentos do cérebro: antidepressivos, tranquilizantes, etc. que têm muitas vezes como efeito secundário perturbar a actividade onírica e até de privar pura e simplesmente os doentes da lembrança dos seus sonhos[19]

-jantares fartos feitos pouco antes de ir dormir

-ver muita televisão, estar muito tempo na internet, ler muito, ou de passar muito tempo ao telefone ou então com muita gente. Nestes casos, os seus sonhos serão a «digestão» de informações televisivas, auditivas, textuais, etc. (na maioria das vezes inúteis) do dia e sentirá uma grande dificuldade no acesso às suas próprias informações. Elas estarão «afogadas» no fluxo de informações externas que sobrecarregaram o

---

[19] A acupunctura é muito eficaz contra a depressão e não apresenta os efeitos secundários dos medicamentos.

seu cérebro e o seu corpo. Nessas condições, a maioria do tempo, os seus sonhos não serão verdadeiros sonhos provenientes do seu Eu mais profundo, mas só uma confusão mental criada pelo seu cérebro consciente ao fazer uma «indigestão» informativa. Infelizmente, na nossa época, são aos milhares as pessoas que deitam-se cada noite depois de muitas horas de televisão absorvidas após um dia sem um momento de solidão. É preciso saber que as actividades feitas um pouco antes de se deitar programam o cérebro para que sonha alguns temas.

É por isso que nos primeiros tempos da experiência e para que tire os melhores resultados, o ideal seria dormir só. Efectivamente, as bolhas de informação-energia ao misturarem-se, é muito difícil se não pode dormir só, de distinguir no princípio da experiência, entre o que nos pertence e o que não nos pertence. Por exemplo, uma mulher pode sonhar regularmente que é careca e que está coberta de pêlos se dorme com um companheiro que apresenta estas características. Da mesma forma um homem pode sonhar, às vezes com medo, que apresenta as características femininas da sua companheira. As sensações corporais comunicam-se frequentemente entre sonhadores que partilham o mesmo espaço de sono !

Desta feita, se efectuar um trabalho de observação dos seus sonhos e da sua realidade dormindo com alguém e tendo relações sexuais frequentes com essa pessoa, será mais difícil para si conhecer o seu «terreno onírico» porque a sua esfera informativa estará misturada com a do seu parceiro. Mais, nos casos onde o parceiro terá sido infiel, ele trará, na sua bolha energética, informações que dizem respeito à outra pessoa com a qual teve relações e captará também estas informações dormindo na mesma cama ou tendo relações sexuais.

Desta feita, é muito mais fácil conhecer bem o seu terreno onírico pessoal dormindo só no início da experiência. Depois, será muito mais fácil distinguir o que lhe pertence do que não lhe pertence quer a nível informativo e vibratório. Se por norma é celibatário, poderá observar muito facilmente que ao ter relações sexuais com uma nova pessoa, o conteúdo dos seus sonhos muda muito e a informação invulgar proveniente do seu parceiro entrou no seu sistema informativo. Poderá também constatar variações ao nível energético e outras coisas ainda. Por exemplo, um estado de depressão, de tristeza ou de angústia na sequência de uma relação sexual bem-sucedida ou no dia seguinte a essa relação sexual indica na maioria das vezes que a troca energética com o seu parceiro terá sido desfavorável para si.

Uma experiência interessante, mas desaconselhada às pessoas depressivas consiste em isolar-se durante alguns dias fazendo jejum ou refeições ligeiras e tomando banhos. Depois deste período de isolamento, será capaz de sentir muito melhor a diferença entre a nossa própria energia e àquela das pessoas, animais e locais com os quais estabeleceremos de novo o contacto.

Se deseja tirar partido dos seus sonhos e ser alertado dos perigos, uma última coisa importante deve ser assinalada : não leia livros de terror ou de violência ; não veja filmes violentos e catastróficos, evite as informações televisivas desse género sobretudo à noite antes de se deitar. Tudo isto influencia o vosso cérebro, estimula a aparição de sonhos de falsos alertas de catástrofes e contribui fortemente à privação da sua faculdade natural de «sonhar verdadeiro».

Em último lugar, quero sublinhar a importância de estar calmo. Mais estamos calmos, maiores são as oportunidades de ter sonhos verdadeiros que vêm do mais profundo do nosso ser e de aceder a uma melhor comunicação com o nosso corpo e com o nosso subconsciente. Faça tudo o que puder para evitar o stress ou para relaxar se não pôde evitá-lo. Tenha também o costume de tomar uma tisana relaxante (de boa qualidade e sem pesticidas) à noite : por exemplo de alfazema, de camomila, de tília, etc. Poderá também difundir óleos essenciais calmantes e cujo odor aprecia no seu quarto.

Ao seguir todos estes conselhos, aprenderá, de uma forma natural e sem nenhum perigo, a linguagem dos seus sonhos, saberá comunicar melhor com o seu corpo e saberá também distinguir melhor entre os seus sonhos de alerta àqueles que são efectivamente verdadeiros sonhos de alerta que estão relacionados com a realidade daqueles que são simples pesadelos provocados por causas que terá aprendido a decifrar e que vou falar de seguida para que ganhe tempo no seu trabalho pessoal.

CAPÍTULO 6

O QUE PROVOCA OS FALSOS ALERTAS ONÍRICOS DE CATÁSTROFES NATURAIS?

Já falamos antes das tentativas feitas na Inglaterra, nos Estados Unidos e na Bélgica de utilizar os sonhos da população para prevenir os habitantes dos riscos ambientais e assim salvar vidas. Vimos que os escritórios de registo de sonhos de catástrofes foram invadidos por uma grande quantidade de sonhos cuja maioria (felizmente) não passaram de falsos alertas, simples pesadelos. Em vez de continuar a pesquisa ao tentar compreender o motivo de tantos sonhos serem falsos alertas e de encontrar uma maneira mais eficaz de proceder, estas experiências foram infelizmente terminadas. Pelo que sei, não se procurou compreender por que motivo a população no seu conjunto está tão sujeita aos pesadelos e como esta situação pode ser melhorada.

Penso que foi uma excelente ideia criar escritórios de vigília onírica das catástrofes mas a forma como foi feita essa vigília seria motivo de fracasso desta experiência. Efectivamente, pelo que sei, só eram tidos em conta os sonhos, independentemente dos sonhadores, da sua higiene de vida e dos locais onde tinham sonhado e de várias causas que provocam o surgimento dos falsos alertas de catástrofes.
Num primeiro tempo, seria possível proceder á recolha de muitos sonhos, com o fim de detectar as pessoas

mais capazes de pressentir realmente as catástrofes naturais em curso e também as pessoas menos sujeitas aos pesadelos. Num segundo tempo, os escritórios de registo poderiam decidir de trabalhar prioritariamente com as pessoas mais capazes. Essas pessoas são cada vez mais raras enquanto as pessoas sujeitas aos sonhos de falsos alertas de catástrofes tornaram-se cada vez mais numerosas. Não é difícil de entender o motivo. Nas passagens seguintes, vou explicar-vos como é que através das minhas pesquisas pude compreender o que provoca a maioria dos sonhos de falsos alertas de catástrofes naturais.

Através das explicações que darei de seguida sobre os pesadelos (ou sonhos de falsos alertas), poderá compreender quais são as condições que provocam tão frequentemente em tantas pessoas sonhos desastrosos. Sonhos, que felizmente para nós não acontecerão a não ser na sua própria psique.

As explicações aqui propostas são tiradas da minha longa experiência. Mas, é claro, nesta área há ainda mais a descobrir. É verdade também que apesar de condições oníricas extremamente más, alguns sonhadores podem excepcionalmente terem verdadeiros sonhos que podem salvar-lhes a vida ao alertar dos perigos que os ameaçam. Nesses casos, é frequente os sonhadores pensar terem beneficiado de uma intervenção do tipo «divino», por exemplo a de um anjo da guarda ou de um ser próximo defunto.

Para facilitar a demonstração, classifiquei em alguns grupos os pesadelos de falsos alertas. Esta lista de pesadelos não é exaustiva. Deixei por exemplo os pesadelos de tipo «xamânico» que são ligados aos contactos oníricos com mundos «paralelos» e que nos dias de hoje, no Ocidente, ultrapassam as capacidades de entendimento e as possibilidades de experiência do homem «normal». O ser humano ocidental moderno está tão desligado da natureza e do seu subconsciente que foi um risco mencionar aqui este tipo de sonho! Fechamos então este parêntesis. Vou falar-vos então agora : dos pesadelos do corpo, dos pesadelos do espírito e dos pesadelos ligados à energia.

1) Os pesadelos de falsos alertas de catástrofes provocados pelo corpo

Esses pesadelos são cada vez mais numerosos nos nossos dias e devem-se principalmente às perturbações do sistema digestivo. Nas antigas civilizações, eram praticadas técnicas destinadas a manter o sistema digestivo saudável. Era efectivamente normal jejuar regularmente e utilizar meios de limpeza dos intestinos pela água. Graças a essas medidas preventivas, as pessoas descansavam o seu sistema digestivo, limpar os seus intestinos e o seu corpo e livrar-se regularmente das suas toxinas.
Nos dias de hoje, é muito raro as pessoas que fazem jejum e são mais raras ainda as pessoas que têm uma boa higiene intestinal. Em caso de obstipação, quase toda a gente contenta-se em engolir pílulas laxantes sem nunca tirar o tempo para fazer uma limpeza

correcta. Esta situação associada ao stress da vida moderna, ao sedentarismo, a uma alimentação desnaturada, faz com que a partir de uma determinada idade (e às vezes muito cedo para algumas pessoas), os intestinos, cobertos por uma camada endurecida de materiais não evacuados não podem funcionar correctamente. A flora intestinal encontra-se então desequilibrada, dando lugar às fermentações, gases, aerofagia e outras indisposições no corpo. Se pretende saber mais sobre a higiene intestinal, convido-vos a ler o livro *Témoignage sur les bienfaits de l'hygiène intestinale*,[20] escrito pela Laure Goldbright, no qual ela explica como praticar a higiene intestinal e os vários benefícios que dela podemos tirar.

Se pretende sonhar melhor, a limpeza e o bom funcionamento dos vossos órgãos digestivos são fundamentais. Um sistema digestivo perturbado provoca pesadelos muito intensos porque o corpo exprime assim a sua indisposição extrema devido a intoxicação do sangue, ao abrandamento da circulação sanguínea, à má oxigenação do sangue, provocada por uma respiração dificultada pela pressão exercida pelo estômago e os intestinos inchados de gases. Às vezes mesmo, basta uma indigestão pontual ou de uma

---

[20] *Témoignage sur les Bienfaits de l'hygiène intestinale*, Laure Goldbright, Buenos Books International, Paris. Disponível também em versão electrónica. Esta obra foi também traduzida em Italiano (*Testimonianza Sui Benefici dell'igiene Intestinale*), e em Espanhol (*Testimonio sobre los Beneficios de la Higiene Intestinal*).

intolerância alimentar para que um pesadelo do tipo digestivo aconteça. Ter um caderno de sonhos e de realidade no qual anota-se o que se comeu pode ajudar a compreender quais são os alimentos que não convêm ao nosso corpo. Os alimentos que os corpos não suportam, desencadeiam muitas vezes pesadelos que traduzem-se numa indisposição importante e bem real.

O ser humano perdeu de tal forma o contacto com a natureza e com o seu próprio corpo que muitas vezes ele não sente no estado de vigília que o seu corpo está perturbado, que um alimento, uma bebida, um lugar não convém de todo ao seu corpo. Felizmente, em muitos casos, há ainda muitos pesadelos para soar o alarme antes que seja muito tarde. É preciso aprender a reconhecê-los sem qualquer receio.

Na maioria das pessoas cujo sistema digestivo está fortemente sujo e perturbado, observei que ou há um esquecimento total dos sonhos, ou uma abundância de sonhos e de pesadelos recorrentes de catástrofes naturais. Estes pesadelos podem acontecer todas as noites, geralmente por volta da mesma hora. São acompanhados muitas vezes de arrepios, pequenos afrontamentos acompanhados de transpiração e de dificuldade em encontrar o sono alternadamente. Podem também ao contrário serem acompanhados de uma sonolência excessiva com uma actividade onírica desenfreada. Algumas pessoas têm sonhos recorrentes de carnificinas humanas, ou seja sonhos nos quais há muito sangue, onde pessoas morrem no sangue devido a todo o tipo de catástrofes, em cada noite diferentes.

Segundo a medicina chinesa, este tipo de sonho seria devido à disfunção da energia do baço.

Outras pessoas poderão ter sonhos recorrentes de catástrofes nas quais elas perdem as suas pernas ou então elas vêem várias pessoas com as pernas amputadas, muitas vezes ao nível dos joelhos. Este tipo de sonho segundo as minhas observações parece-me ser devido ao facto que a circulação seja dificultada «mecanicamente» pelo ventre cheio de gás. (Na realidade: estas pessoas têm os pés quase sempre frios).

Outras pessoas ainda sonham regularmente com catástrofes nas quais elas perdem a visão, os braços, etc. A obstipação é uma verdadeira catástrofe para o corpo todo, porque para além de ser um entrave mecânico à circulação sanguínea e nervosa mas também uma intoxicação progressiva do corpo que já não consegue respirar correctamente, alimentar-se correctamente e livrar-se eficazmente dos desperdícios e das suas toxinas. Pôde observar que as pessoas que sofrem de acidez no seu sistema digestivo têm tendência a ter pesadelos terríveis de catástrofes nucleares ou de guerras nas quais as armas utilizadas são armas químicas do género corrosivo.

Apesar de todos estes desarranjos reais do corpo, existe ainda pessoas tão pouco sensíveis a elas próprias que elas suportam esta situação pensando estar de boa saúde e achando normal de ter um ventre e estômago permanentemente inchados. Por causa do estado do seu ventre, elas estão como anestesiadas. Elas vivem bem abaixo das suas capacidades vitais e às vezes, elas já não se lembram nem dos seus sonhos, nem dos seus pesadelos. É evidente, neste caso, mais vale ter pesadelos e sentir-se mal no seu corpo. Pelo menos, somos incitados a fazer algo para remediar todos esses problemas e encontrar de novo a sua saúde e a sua vitalidade em vez de viver no seu «mínimo vital», em câmara lenta. Eliminar este género de pesadelo, penso que já compreendeu, é muito simples. Basta fazer (como explica Laure Goldbright no seu livro já citado), algumas irrigações ao colón, jejum e de ter uma boa higiene alimentar. Infelizmente, os laxantes naturais ou alopáticos não permitem limpar os intestinos. Só pioram a situação.

Hoje, os problemas da esfera digestiva são os que desencadeiam mais frequentemente os pesadelos de falsos alertas de desastres. Eles atingem a maioria da população adulta ocidental que come alimentos cada vez mais desnaturados e numa atmosfera cada vez mais stressante. É evidente também que tudo o que comemos está também carregado de informações. Deixo-vos deduzir o efeito que pode ter no seu sistema informativo a ingestão de carne de animais maltratados e por vezes mortos em condições horríveis.

Depois desta causa principal de pesadelos de origem corporal, vem outra frequente e ainda desconhecida devida a uma má posição do atlas (primeira vértebra cervical). Segundo as pesquisas efectuadas por René Schümperli, o atlas estaria mal colocado em muitas pessoas e muito mal colocado em pessoas que sofrerem um traumatismo. René Schümperli também observou que as mães que tinham o atlas deslocado têm filhos com o atlas mal colocado. É fácil compreender ao abrir um livro de anatomia, que um atlas mal colocado perturba enormemente o fluxo sanguíneo no cérebro assim como o influxo nervoso. O que é susceptível de provocar pesadelos recorrentes de catástrofes. Este problema é doravante muito fácil de regular graças ao invento de René Schümperli, que permite colocar de novo o atlas na sua posição correcta sem perigo e sem dor. Encontrará mais informações no site deste inventor e lendo os livros que publicou[21].

Para além destas duas coisas principais, todas as outras indisposições corporais dão lugar a sonhos de catástrofes naturais, de guerras, de incêndios, etc. O corpo utiliza a linguagem da natureza para se fazer entender. Além disso, como ele faz parte da natureza, ela só compreende e fala nessa linguagem.

A propósito disto, quero partilhar consigo um sonho que tive durante a noite e que marcou-me muito. Neste sonho encontrava-me com um tigre magnífico e colocava esta questão: «Mas, o que é um tigre?». Recebi no sonho esta resposta inesperada: «Um tigre é um cosmos e cada célula do seu corpo é uma estrela». Deduzi que todo o organismo vivo é um cosmos como o tigre do meu sonho. Quando fazemos um trabalho de observação das conexões entre os nossos sonhos e a nossa realidade, percebemo-nos que o nosso corpo

---

[21] http://www.atlasprofilax.ch

também é um cosmos, é todo um mundo interior com as suas paisagens, os seus cursos de água, as suas montanhas, os seus habitantes, as suas intempéries e as suas catástrofes naturais que é possível ver no estado de sonho. As perturbações do nosso corpo desencadeiam muitas vezes os pesadelos que mostram-nos catástrofes naturais «do tamanho da natureza».

Tais sonhos, por mais impressionantes e coloridos não anunciam catástrofes no nosso ambiente exterior. Porém, na realidade, «catástrofes» (desordens) acontecem realmente no interior do nosso próprio universo corporal.

Por exemplo, a um dado momento da minha vida comecei a sonhar que escalava com dificuldade nas ruas de uma cidade montes de areia de vários metros que tinham invadido os lugares. Este sonho repetia-se cada noite. Anunciava uma tempestade de areia em Paris? Non ! Ao apresentar-me esta cidade mais real com as suas ruas, os seus carros, os seus habitantes, o meu corpo mostrava-me que devia parar o meu suplemento de silício que estava a tomar há algum tempo e que não lhe convinha. Não se tratava de um sonho recorrente anunciando um catástrofe natural mas de um sonho recorrente que assinalava uma desordem no meu corpo sob a forma de montes de areia que entupiam as «artérias» de uma cidade. A areia contém de facto silício e bastou-me parar este suplemento para ver desaparecer este sonho recorrente e para evitar problemas de saúde.

Na mesma ordem de acontecimentos, a febre, por exemplo, pode provocar pesadelos com cenários de terríveis secas provocando desertificações e a morte de milhares de pessoas (que representam na realidade as células). As inflamações podem originar sonhos de incêndios terríveis. Problemas de rins podem provocar sonhos de inundações catastróficos e incontroláveis.[22] Problemas ligados ao sangue à sua composição e à sua circulação podem dar origem a sonhos com cursos de água, tais como rios e ribeiras nos quais as personagens que aí nadam são muito gordas (por vezes uma indicação de colesterol) ou embarcações conhecem alguns problemas de navegação. Acontece também a água destas ribeiras e destes rios ser suja o que é muitas vezes uma indicação de intoxicação. No nosso corpo que às vezes luta contra micróbios invasores, acontecem também guerras terríveis que podemos ver sem grandes emoções.

Quando nos encontrámos num determinado ambiente, a nossa mente observa com os olhos, cheira com o nariz, ouve com as orelhas, mas o corpo percebe todos os tipos de outras informações através de toda a sua superfície. A forma como o corpo percebe «às cegas» o ambiente externo e tudo o que lhe fazemos pode provocar alguns pesadelos de catástrofes naturais. Por exemplo, graças ao seu caderno um dos meus alunos pôde observar que as suas sessões de electro acupunctura desencadeava nele sonhos de sismos. A electro acupunctura desencadeia também em mim este

---

[22] Ou também fugas incontroláveis de lavabos, banheiras, máquinas de lavar na casa, torneiras, etc.

tipo de sonho. Como nunca experimentei na realidade um sismo e do que se pode sentir nas pernas nesse momento, fiz a suposição que o meu corpo recebeu na sua herança informativa a memória da experiência dos meus antepassados (próximos e mais longínquos) que sempre viveram no Sul de Itália, uma região sujeita a este tipo de catástrofes naturais. Parece que chegámos ao mundo com uma memória já instalada no nosso corpo (ou no nosso espírito?) e que nos permite de beneficiar de algumas experiências mas também, infelizmente, de continuar a sofrer informações e emoções traumatizantes vividos por eles.

A psicanálise moderna debruçou-se sobre esta questão e provou que existe uma transmissão transgeracional de alguns traumatismos.

Anne Ancelin Schützenberger, psicoterapeuta e analista de grupos pôde verificar através da sua prática profissional a existência de uma espécie de hereditariedade psicológica que Freud citado por ela[23] designava como "a hereditariedade arcaica":

"A hereditariedade arcaica do homem não é feita apenas de predisposições mas também de conteúdos ideativos dos traços mnésicos que deixaram as experiências feitas pelas gerações anteriores" (FREUD Sigmund, *Moïse et le monothéisme*, 1939, Gallimard, Poche, Collection Idées, 1948, p. 134).
Numa obra muito interessante intitulada *Aïe mes aïeux!*

---

[23] Ancelin Schützenberger Anne, *Aïe mes aïeux!*, Paris, Desclée de Brouwer, 1999, p. 15.

Anne Ancelin Schützenberger dá vários exemplos tirados da sua experiência que demonstram a existência de ligações psicológicas transgeracionais. No que diz respeito aos pesadelos, vários exemplos são citados e dizem respeito a descendentes de pessoas que sofreram acontecimentos traumatizantes, conhecidos ou não conscientemente pelas pessoas que têm esses pesadelos. Ela escreveu: [24]

> "Constatamos clinicamente a transmissão transgeracional de traumatismos graves não falados- ou cujo luto não foi feito- como traumatismos de guerra (gás, afogamento ou quase afogamento, torturas, violações, ferindo um parente ou o seu irmão ou um camarada de guerra).
>
> Nada do que conhecemos do ponto de vista psicológico, fisiológico ou neurológico nos permite compreender como algo pode preocupar gerações da mesma família."

A solução que ela propõe neste tipo de pesadelos é uma psicoterapia que consiste em procurar o que aconteceu na história familiar tornando o problema consciente para poder tratá-lo como deve ser, pelo perdão ou pelo esquecimento, evitando assim os

---

[24] Ancelin Schützenberger Anne, *op. ci.*, p. 64.

transtornos nas gerações futuras.[25] Mas é possível também resolver este problema agindo directamente sobre os sonhos.

Uma das minhas alunas sonhava regularmente com maremotos nos quais ela morria afogada. Isto causava-lhe muita angústia visto que ela vivia perto do mar. O seu caderno de sonhos fez sobressair que os seus sonhos desencadeavam-se sobretudos depois das irrigações do colón. O seu corpo interpretava a sensação de abundância de água no ventre como um afogamento. Fizemos algumas pesquisas e soubemos que alguém entre os seus antepassados que eram marinheiros morreu no mar. Neste caso, a informação parece ter sido transmitida às gerações seguintes. Esta pessoa tinha então em algum lugar (no seu património genético ? na sua hereditariedade psíquica?) a memória da sensação corporal provocada por um afogamento. Esta memória manifestou-se num sonho na sequência da sensação corporal de um «muita água».

Como pode constatar através destes exemplos, saber o que se passou na realidade de uma pessoa e mesmo às vezes na realidade dos seus antepassados e dos seus próximos é primordial para compreender se os seus pesadelos são ou não sonhos premonitórios.

---

[25] Aïe, mes aïeux!: Ligações transgeracionais, segredos de família, síndrome de aniversário, transmissão de traumatismos e práticas de genosociograma, Editions Desclée de Brouwer, 1998, Anne Ancelin Schützenberger

Um dia, na sala de espera do meu médico, um paciente confiou-me os seus sonhos recorrentes de acidentes de viação aos quais escapava cada vez à justa. Intuitivamente, senti que ele repetia um traumatismo familiar e perguntei-lhe se havia na sua família pessoas que tinham morrido nessas circunstâncias. Acontece que muitos dos seus próximos morreram em acidentes de viação. Encorajei-o a fazer um trabalho pessoal para libertar-se destes pesadelos desagradáveis e assim para neutralizar esse perigo no estado de sonho.

Existe também, como iremos ver de seguida, pesadelos provocados por sofrimentos psíquicos que não são devidos a traumatismos ou heranças psíquicas mas reflectem conflitos internos dos sonhadores.

2) Os pesadelos de catástrofes naturais provocados pelo espírito

Aqui, entramos no campo privilegiado dos pesadelos de catástrofes (naturais ou não) que implicam acidentes com meios de transporte (carros, autocarros, aviões, comboios, motos, barcos, bicicletas e até monociclos !), acidentes relacionados com a água (maremotos, fugas e todo o tipo de cheias, cheias de ribeiras, etc.) destruições relacionadas ao vento, guerras, catástrofes relacionadas com a terra (sismos, erupções vulcânicas, deslizes de terras). Todos estes tipos de sonhos colocam frequentemente em primeiro plano os danos causados à casa do sonhador ou a partes dessa casa. Designei esta parte como «pesadelos do espírito» mas poderia também chamá-los de «pesadelos psicológicos» ou «pesadelos da psique», qualquer um serve! O que devemos reter é que o mal-estar psicológico tem tendência a provocar pesadelos de catástrofes naturais muito marcantes e extremamente perturbadores.

Podemos pôr-lhes fim ao encontrar ou descobrir, só ou com uma ajuda externa, um equilíbrio psicológico perdido por várias razões. Ao ter um caderno de sonhos e de realidade pode também ajudar-lhe nesse sentido. Mas às vezes é necessário também realizar algumas mudanças na nossa vida para as quais é necessário ter coragem: por exemplo, deixar a segurança material de uma profissão que nos convém para outro que nos convém ainda mais, ou bem pôr fim a uma relação afectiva que não nos convém ou ainda, deixar um lugar ou um país no qual não se sente bem.

Fazer um caderno de sonhos e de realidade permite conhecer bem o seu próprio terreno psicológico, e ajudara a tomar medidas na vida real para acelerar a cura da psique. Isto pode ser feito em conjunto com outra terapia para torná-la mais eficaz.

Quando conhecer o seu «terreno psicológico» e o género de pesadelos recorrentes que ele provoca, saberá distinguir esses pesadelos de catástrofes que são apenas a encenação pictórica de «um pesadelo interno de natureza psicológico» e de distingui-los dos verdadeiros sonhos de alerta. Os sonhos de alerta são muitas vezes acompanhados por uma grande calma emocional, enquanto os pesadelos do tipo psicológico são acompanhados por emoções intensas e conflitos. Eis alguns exemplos de sonhos de catástrofes relacionados com problemas psicológicos:

Acidente e desfiguração:

Uma pessoa que sonhava constantemente com acidentes de viação nas quais ela se encontrava completamente desfigurada. Graças ao seu caderno de sonhos e de realidade, nós pudemos compreender que esta pessoa sofria na realidade por não ocupar o seu verdadeiro lugar na sociedade. Que ela desempenhava um 'papel', desejado pelo seu ambiente familiar ao exercer uma actividade profissional que não lhe convinha de todo. Ela já não era ela própria. O seu meio familiar tinha-a «desfigurado» completamente. Admitir o seu sofrimento psicológico, permitiu-lhe tomar medidas para viver uma vida em conformidade com as suas necessidades reais, os seus pesadelos desapareceram e a sua saúde melhorou.

Maremotos e afogamentos :

Outra pessoa sonhava que ela tinha sido arrastada num maremoto gigantesco antes de ter sido desencadeado na sua realidade um período intenso de dúvida e de desconforto.

Acidente de avião:

Uma pessoa altamente instruída, apaixonada pelo seu trabalho, mas que ficou desempregada durante vários anos, por não encontrar um emprego que correspondia às suas competências, acabou por aceitar um emprego muito abaixo das suas competências e que não tinha nada a ver com os seus estudos e o seu meio social. Pouco tempo antes de ter aceitado este emprego ela teve pesadelos muito aflitivos nos quais ela via-se sozinha a pilotar um avião que despenhava-se de repente, deixando-a sem vida. Não se tratava neste caso, de um sonho premonitório, mas de sonhos que indicavam o sofrimento da sua psique. Esta pessoa tinha de alguma forma «caído de alguma forma» em relação às suas aspirações profissionais e os seus sonhos traduziam de uma forma simbólica a intensidade do seu sofrimento. Uma súbita alteração nas certezas, formas de pensar e hábitos de uma pessoa pode desencadear sonhos de sismos ou ser prevenido antes da sua ocorrência através desses sonhos.

Não vou alongar-me mais sobre este género de pesadelos, porque é muito fácil de encontrar exemplos em qualquer livro de psicologia. São géneros de pesadelos que foram (e são sempre) os mais estudados pelos psicoterapeutas. Por outro lado, temos a tendência de atribuir muitas vezes aos pesadelos causas psicológicas, enquanto os pesadelos psicológicos não são, para a grande maioria, os pesadelos mais frequentes.

Uma terceira causa de pesadelos atribuídos erradamente a problemas psicológicos provém do ambiente energético do sonhador.

3) Os pesadelos de falsos alertas de catástrofes naturais relacionadas com as perturbações energéticas do ambiente do sonhador:

Para além de ter uma dimensão material, o nosso corpo tem também uma dimensão energética. Correntes de energia atravessam-no e encontra-se em trocas energéticas permanentes com o seu ambiente natural com os seres vivos que o rodeiam: seres humanos, animais e até plantas. A Terra apresenta também uma dimensão energética. Como meridianos de energia que percorrem o nosso corpo, a Terra possui uma rede energética designada pelos geo- biólogos como rede Hartmann. Alguns cruzamentos de linhas de energia telúrica podem ser muito benéficos às pessoas que lá permanecem e recarregarem o seu organismo energeticamente. Enquanto outros podem simplesmente matar se estivermos expostos cada dia ou cada noite ao longo de vários anos.

Quase todos nós perdemos toda a sensibilidade consciente a estas perturbações energéticas e muitos são àqueles que imaginam que tudo isto não passa de uma tolice. No entanto, mesmo se não acreditámos, o nosso corpo continua a sentir estas energias e ele utiliza mais frequentemente os nossos sonhos e em alguns casos mais graves os pesadelos, para alertar-nos que algo não se passa bem no plano energético. Ao fazer um trabalho de observação das conexões entre os sonhos e a realidade, observaremos rapidamente que um dos objectivos principais dos sonhos é a conservação da energia, ou seja a vitalidade, o crescimento: a vida. Alguns animais domésticos mantiveram esta sensibilidade intacta às energias dos lugares. Os gatos, por exemplo são conhecidos por gostar de se instalarem em pontos energéticos nocivos para o homem, mas não para eles. Teriam mesmo a faculdade de transformar estas energias nocivas.

Nas antigas civilizações, o funcionamento destas redes energéticas telúricas e cósmicas parece ter sido melhor conhecido do que na época moderna. Os templos, as habitações e os outros edifícios eram construídos tendo em conta os dados energéticos do terreno. Os locais de culto eram escolhidos antes de mais porque eram lugares energeticamente «especiais» de um ponto de vista telúrico e cósmico. Perante esta especificidade energética, aconteceu muitas vezes ao longo da história que as crenças religiosas, os deuses e os rituais mudavam, mas que os locais de culto permaneciam os mesmos.

Na época moderna, não lembraria à maioria dos arquitectos ocidentais contemporâneos que ignora tudo o que diz respeito à densa rede energética da terra e dos seus efeitos sobre os seres vivos, de testar a realidade energética dos lugares tanto a nível telúrico como cósmico antes de construir os seus edifícios. Para além disso, e mesmo que o desejem, parece que os conhecimentos utilizados para seleccionar os locais de culto e aí construírem templos se tenham perdido.

Os templos da Grécia antiga, da Roma antiga e do antigo Egipto foram construídos sobre lugares elevados energéticos, assim como em outros antigos locais espirituais espalhados pelo mundo. Não é de facto um acaso se, ainda nos nossos dias, os seus vestígios são como «imãs» que atraem multidões que continuam a recarregar-se sem sabê-lo. Que as pessoas que compõem estas multidões acreditem ou não em Deus ou na existência de energias telúricas, o seu corpo é-lhes grato por poder beneficiar desses lugares. Quando as suas propriedades energéticas são ainda intactas, são locais muito atractivos onde sentimo-nos bem, felizes e em paz, porque aí recarregamos. Todas estas emoções positivas são de facto provocadas principalmente pelo pleno energético que sente o corpo nesses locais onde pode recarregar-se com uma energia de excelente qualidade.

No Ocidente, nos meios «*New Age*», a arte chinesa do Feng Shui está agora na moda. Esta arte ajuda a gerir e a canalizar as energias dos edifícios para o bem-estar e a prosperidade das pessoas que lá vivem e trabalham. Em França, geo-biólogos propõem o mesmo género de serviços que são designados neste caso não como Feng Shui mas «harmonização energética» ou «reequilíbrio» energético.

Apesar destas práticas ainda conhecidas nos nossos dias possam trazer uma melhoria concreta à vida das pessoas que delas beneficiam, parecem-me porém que não são mais do que «migalhas» de conhecimentos ainda mais aprofundados que foram utilizados por exemplo na China antiga ou pelos padres do antigo Egipto.

Mesmo se já não é possível, pelo que sei, de agir com a eficácia dos antigos Egípcios para construir edifícios com elevado poder energético ou para acumular energia em alguns locais e em alguns objectos ; é sempre possível para qualquer pessoa que se dedique ao desenvolvimento da sua capacidade natural de sentir a qualidade energética dos locais nos quais ela evolui. Isto, nenhuma guerra, nenhum cataclismo, nenhuma retenção de informações poderá retirar-nos, porque trata-se de uma faculdade natural que todos nós temos e que é fácil de desenvolver ao aplicar o método muito simples explicado neste livro.

Aparentemente, parece que na Roma antiga, esta capacidade humana foi significativamente atenuada porque sabemos que os antigos Romanos utilizavam a sensibilidade dos animais para testar a qualidade energética dos locais onde desejavam construir. Sabemos, por exemplo, que os antigos Romanos deixavam viver durante um ano gansos em terrenos onde pretendiam construir um edifício.

Depois, esses gansos eram mortos em função do estado das suas vísceras, os antigos Romanos decidiam ou não de construir nesse terreno onde estes gansos tinham vivido.
Todos somos, sem excepção, afectados pela qualidade energética dos locais onde vivemos, independentemente da nossa sensibilidade consciente à qualidade energética do nosso ambiente. Dito de outra forma, mesmo se não acreditamos nela e mesmo se não nos apercebemos conscientemente do aspecto

energético da existência, isto não impede o nosso corpo de ser perturbado ou bem estimulado no seu funcionamento energético segundo os locais onde nós encontramos. As pessoas podem adoecer ou até morrer por causa de uma exposição repetida a energias contrárias à vida : por exemplo no seu quarto de dormir, ou no local de trabalho. Em Paris, a atmosfera energética de algumas grandes superfícies é completamente nefasta à saúde física e psicológica dos vendedores. Ela incentiva também os clientes sensíveis o suficiente a não permanecer, ou tal como eu, a não ir lá de todo se é possível adquirir na internet o que se vende lá. São locais particularmente desgastantes e nocivos e no entanto há tanta gente que gostam de passar o tempo lá e não sentem de todo desconforto !

Da minha pesquisa, pude observar que muitos sonhos de catástrofes naturais (que nunca acontecem na realidade) são simplesmente provocados por perturbações energéticas no quarto do sonhador. Portanto, se é propenso a pesadelos recorrentes, convém antes de mais verificar se são provocados por perturbações energéticas no seu quarto. Pode para este efeito, ou contactar um especialista que virá com os seus instrumentos de detecção, ou pedir ajuda a alguém vosso conhecido, (que tal como eu e outras pessoas) que sente ainda tudo isso naturalmente em estado de vigília com o seu corpo, de ajudá-lo. Pode também desenrascar-se sozinho por tentativas mudando a posição da sua cama ou indo dormir noutro quarto e comparando a qualidade do seu sono, até que recupere um sono reparador e sem pesadelos.

Pude observar que quando há uma perturbação energética no local onde a pessoa dorme, pode deitar-se muito cansada, pronta a adormecer, mas não conseguir apesar do cansaço. Parece-me que isto se deva ao facto do seu corpo perturbado pela má qualidade energética do seu ambiente ficar tenso e não consegue atingir o relaxamento muscular necessário ao adormecer. Em tais casos, basta apenas a pessoas que acreditavam terem-se tornado «insones» no seguimento por exemplo de uma mudança, mudar simplesmente a posição da cama para adormecer normalmente e encontrar um sono tranquilo e reparador.

Acontece muitas vezes que ao ir de férias à montanha para descansar as pessoas chegam ainda mais cansadas porque não puderam descansar correctamente. Muitas vezes, isto deve-se sobretudo ao facto que a sua cama estava mal orientada em relação aos cursos de água que se encontravam próximos do local onde tentaram dormir. Para bem dormir na montanha é necessário que a cama seja colocada no sentido do fluxo natural da água das torrentes. Se tomarmos esta precaução, dormir perto de uma torrente impetuosa ou de uma ribeira é agradável, reparador e benéfico, em vez de provocar insónias. Basta que estas pessoas que se tornaram insones durante as férias na montanha de voltar em sua casa para encontrar um sonho normal.

Ao inverso, para outras pessoas, as insónias ou um sono pouco reparador e com pesadelos recorrentes cessam sistematicamente sem razão aparente desde que elas se encontram a viajar. Nestes casos, há fortes probabilidades que a causa dos pesadelos e das insónias se encontre no quarto habitual do sonhador. Basta modificar a orientação da cama e dos móveis, de retirar os espelhos (ou de cobri-los antes de ir dormir se não pode retirá-los), de suprimir os objectos metálicos e eléctricos que se encontram perto da cama (ou até mesmo na cama) para que estas pessoas encontram ao dormir em casa um sono tranquilo e uma saúde melhor.

Observei que quando o corpo é perturbado energeticamente durante o sono, ele desencadeia muitas vezes pesadelos recorrentes que podem durar vários meses, anos até. Depois, muitas vezes estes pesadelos param, apesar do sono ser cada vez menos reparador e que o período para adormecer seja cada vez mais longo e difícil, conduzindo às vezes à tomada de soníferos ou tranquilizantes. Ao fim de um determinado tempo, variável de uma pessoa à outra, uma doença pode desenvolver-se. Ela torna-se tanto crónica como inexplicável de um ponto de vista médico, e conduz às vezes à morte. Existe, por exemplo, prédios energeticamente «pouco saudáveis» nos quais a maioria dos habitantes morre inexplicavelmente do mesmo tipo de patologias que afectam também os seus animais domésticos. Michel Moine e Jean-Louis Degaudenzi dão um exemplo impressionante no seu manual de geobiologia, tratava-se um prédio parisiense, situado na rua Blanche em Paris, onde todos os habitantes, alguns já mortos, foram afectados por ondas nocivas dos lugares, antes de ser descoberta a causa e de ser sanada.[26]

Os aparelhos eléctricos tais como despertadores, telemóveis, televisão, computadores e tomadas eléctricas, próximas do nosso corpo perturbem também a sua energia sendo que ainda são poucas as pessoas capazes de sentir um incómodo ou desconforto no estado de vigília.

Apesar das perturbações energéticas que interferem com o corpo não sejam perceptíveis conscientemente no estado de vigília, somos muitos ainda a serem prevenidos pelo nosso corpo visto que ele sofre perturbações energéticas. Ele produz para este efeito sonhos de catástrofes naturais, ou de agressões para chamar a atenção da mente consciente sobre a necessidade de fazer algo para preservar a integridade energética do corpo.

É necessário evitar todo o tipo de aparelhos eléctricos perto da sua cama. Se não pode fazê-lo de outra forma, desligue as televisões e computadores antes de ir dormir e cubra os écrans com um pedaço de tecido porque as superfícies que reflectem a luz em direcção do sonhador perturbam o sono e os sonhos. Pessoalmente, sou muito sensível ao meu ambiente energético para poder dormir com um aparelho

---

[26] *Manual de Energias Teluricas, Experimentos Energéticos Par Vivir Mejor*, Michel Moine y Jean-Louis Degaudenzi, p. 51. Título da edição francesa : *Guide de Géobiologie*, Editions Christian de Bartillat, 1993

eléctrico seja na mesa-de-cabeceira ou próximo da minha cama !Da mesma forma, pela experiência, poderá constatar que deve evitar as partes metálicas na sua cama (por exemplo, colchões de molas!); a presença de espelhos no seu quarto ; e outras coisas ainda que poderá descobrir ao testar a qualidade do seu sono durante o seu trabalho de observação dos seus sonhos e da sua realidade.

Uma pessoa que se queixava de sonhos recorrentes nos quais ela era atacada por morcegos que picavam-na em todo o corpo, fez desaparecer estes pesadelos simplesmente seguindo o meu conselho de retirar um aparelho eléctrico defeituoso, que estava colocado na sua mesa-de-cabeceira, perto da sua cabeça e que perturbava gravemente a sua energia, sem que nunca tivesse consciência do mesmo no estado de vigília.

Desde que consigamos determinar a causa concreta, como podemos ver, este género de pesadelo é um dos mais fáceis de eliminar. Basta para tal ou dormir noutro lugar, ou mudar a posição da cama, ou de chamar especialistas competentes para melhorar a qualidade energética dos lugares. As catástrofes mostradas por este tipo de pesadelos não são acontecimentos que vão concretizar-se no mundo real, mas alertas de catástrofes que irão ocorrer na saúde do sonhador se ele não tomar medidas que se impõem para resolver estas perturbações energéticas que afectam o seu corpo durante o sono.

Ao ter um diário de sonhos e de realidade, da forma que expliquei neste livro, poderá detectar antes que seja tarde de mais para a sua saúde e a dos seus entes queridos, os perigos para a sua saúde que emanam do seu ambiente energético. Os bebés que são ainda mais sensíveis ao seu ambiente energético que a maioria dos adultos podem chorar muito e estarem constantemente doentes por causa do lugar onde os adormecemos. É preciso muitas vezes mudar o berço de lugar para que se sintam melhor e parem de chorar durante a noite. Acontece também que as crianças fiquem angustiadas nos seus quartos por causa de perturbações energéticas e queiram regularmente refugiarem-se no quarto dos seus pais. Às vezes é apenas a energia nociva de alguns lugares que tornam os seus habitantes angustiados e nervosos e que os leva a consumir vários medicamentos enquanto bastaria tomar consciência da nocividade energética do lugar onde vivem e de resolvê-los.

Fazer o trabalho que proponho sobre os sonhos permite também desenvolver a sensibilidade à energia dos lugares directamente no estado de vigília porque o corpo e a consciência diurna estabeleceram de novo o diálogo. É muito prático de descobrir directamente com o seu corpo os lugares que não lhe convém, poderá assim fugir deles imediatamente em vez de esgotar-se inutilmente. Existem lugares simultaneamente magníficos do ponto de vista estético e catástrofes do ponto de vista energético.

Da minha parte, a qualidade energética prevalece sempre nas minhas escolhas sobre o aspecto material dos lugares. O ideal seria de viver num ambiente simultaneamente belo e confortável materialmente, e saudável e revigorante energeticamente.

Dormir em certos locais pode provocar pesadelos causados pelas emoções das pessoas ou animais que lá viveram antes. Tais pesadelos são recuperações de informações do passado, não estão relacionados nem com o sonhador nem com um acontecimento em curso na realidade. Estes pesadelos catastróficos são simplesmente fabricados pelo cérebro com base em informações do tipo energético/emocional/informativo captadas pelo corpo no seu todo. Não é por acaso, se nas antigas civilizações existiam vários rituais de purificação dos lugares. As pessoas estavam cientes deste aspecto da vida. Evitar-se-á de dormir por exemplo, em imóveis construídos sobre antigos matadouros, em alojamentos onde ocorreram crimes e outros actos de violência, sobre antigos campos de batalha, etc. E se podemos fazê-lo de outra forma, solicitaremos a intervenção de um especialista competente para tentar purificar estes lugares

Para terminar com os pesadelos de falsos alertas de catástrofes, vou falar-lhe dos pesadelos pós-traumáticos e dos pesadelos traumáticos transgeracionais.

4) Os pesadelos pós-traumáticos e os pesadelos traumáticos transgeracionais:

As pessoas traumatizadas por catástrofes naturais vividas realmente podem repetir durante algum tempo em sonho estes episódios que traumatizaram-nos. De seguida, ela desaparece, para reaparecer às vezes quando um acontecimento vivido, ou simplesmente um estado de stress reactiva esta memória «dolorosa». Neste caso, é evidente, os sonhos de catástrofes são sempre falsos alertas.

Este tipo de pesadelo recorrente é, infelizmente, muito mais difícil de eliminar que os outros tipos de pesadelos de falsos alertas e podem mesmo ser transmitidos de geração em geração. Assim os descendentes distantes podem repetir em sonhos recorrentes cenas traumáticas de guerras, de catástrofes naturais ou de acidentes que não viveram directamente mas cuja memória foi-lhes transmitida, pelos seus antepassados próximos ou distantes. No caso de pesadelos recorrentes de catástrofes, se estes não são desencadeados nem por problemas de saúde, nem por perturbações energéticas no ambiente do sonhador, nem por um distúrbio psicológico, é necessário procurar então no lado dos antepassados. Se a pessoa que tem pesadelos dorme com alguém habitualmente, é necessário pesquisar os antepassados desta pessoa que partilha a mesma cama.

Efectivamente, através da observação dos meus sonhos e da minha realidade, e ao observar assim várias pessoas, pôde compreender que num casal, há uma intensa troca informativa dada à proximidade dos corpos numa mesma cama, e também às relações sexuais que misturam as energias. Pode acontecer por vezes que é a pessoa mais sensível no casal (geralmente a mulher) que «tenha os pesadelos» transgeracionais em vez do seu companheiro. Da mesma forma numa família, por causa da vida em comum, e dos laços de sangue, existe uma intensa troca de informações entre todos os membros. Daí a importância de escutar os sonhos de todos os membros da família, e também de observar os nossos animais de estimação que apesar de não falar a nossa língua podem também comunicar à sua maneira informações que podem salvar-nos a vida.

Quando a causa transgeracional dos pesadelos é determinada, podemos agir directamente no sonho para tratar na fonte este tipo de trauma. Os psicólogos interessam-se também por este assunto, e muitos são àqueles que mundo fora debruçaram-se sobre a questão do traumatismo transgeracional dos traumas psicológicos. É fácil encontrá-los na Internet, mas é possível desvendar fazendo um trabalho pessoal sobre os sonhos. Além disso, outras técnicas tais como a hipnose e o xamanismo podem ser muito eficazes para libertar-se de um trauma transgeracional. Se decide partir à descoberta sozinho, poderá constatar que o simples facto de se interessar pelos seus sonhos, de observar as ligações com a sua realidade e de deixar que as emoções sonhos cheguem à sua consciência diurna ajudá-lo-á a compreender quem é e curar a sua psique encontrando o verdadeiro caminho que terá de seguir na sua vida e a sua verdadeira personalidade.

Completamos agora a exposição dos sonhos de falsos alertas e das suas causas. Outro elemento que combina com todas as categorias de pesadelos (os que já falei e todos os outros) e que os agrava e contribui ao seu desencadeamento é o stress sob todas as formas.

Por exemplo, um amigo disse-me uma vez com uma grande angústia que a sua mulher tinha sonhado em cada noite há algum tempo que os seus dois filhos morriam. Ora eram atropelados por um carro, sequestrados e mortos, esmagados num acidente de elevador, atingidos por uma doença mortal, etc. Em suma, a sua mulher via em cada noite a morte dos seus filhos e estes sonhos terríveis a acordavam cheia de medo. Na realidade, descobriu-se pelo contexto, que tratava-se apenas de sonhos de stress. A sonhadora estava a mudar de função e ela iria ter novas responsabilidades que a stressavam muito. Como esta mãe estava muito naturalmente preocupada pelos seus filhos pequenos, o seu stress transformou-se nos seus sonhos em agressões ou acidentes com os seus filhos. Tratava-se então de sonhos de falsos alertas de perigos provocados por uma situação extremamente stressante na realidade. O stress reporta sobretudo nos nossos sonhos sobre àquilo a que estamos mais ligados emocionalmente ou sobre as nossas falhas e os nossos medos do costume. Por exemplo, um ladrão sem escrúpulos no estado de vigília poderá sonhar que a polícia irá prendê-lo quando adormece em estado de stress, um avarento poderá sonhar que está a ser roubado, etc.

Evitamos então o stress a todo o custo. Evitamos os estimulantes e aprendamos a relaxar. Assim evitaremos pesadelos, os que já mencionei acima e todos os outros tipos de pesadelos que apesar de não serem de catástrofes perturbam o sono.

Compreendeu, na leitura deste capítulo consagrado aos sonhos de falsos alertas, o motivo por que a iniciativa de criar escritórios de registo de sonhos está destinado ao fracasso. Muitas pessoas alimentam-se mal, vivem em stress, com preocupações e dormem em habitações modernas construídas em detrimento do «senso comum energético», sem contar que os mass media abordam-nos sem tréguas com imagens de violência, de horror, de sangue e de catástrofes. Se é verdade que é com a energia do sonho (ou seja a vida) que construímos a nossa realidade, a realidade influencia também o sonho. Portanto, uma pessoa que vê, por exemplo, um filme de terror antes de se deitar «programa» o seu cérebro para sonhar com horror. Por outras palavras, ela cria um ambiente energético e nas condições psicológicas para sonhar horrores pelo menos durante as primeiras horas da noite.

Por conseguinte, se passa o seu tempo a ver, ouvir, a ler todo o tipo de horrores, espere ter sonhos e pesadelos que serão influenciados pelas suas actividades diárias !Em contraste, sabe então o que fazer para ter sonhos bonitos, e tirar daí benefícios do seu sono em vez de desperdiçá-lo com sonhos sórdidos condicionados pelos mass media!

Um cérebro bombardeado, incessantemente, com informações catastróficos tem todas as probabilidades de gerar sonhos catastróficos. De facto, há tantas catástrofes presentes nas suas memórias! Além disso, as pessoas que sobrecarregam os seus cérebros de informações audiovisuais e que nunca têm tempo para o silêncio (que muitas vezes assusta-os), têm tipos de «sonhos» que não são verdadeiros sonhos, mas resíduos da «digestão» das informações da véspera que saturam o seu cérebro. É antes neste caso, uma indigestão permanente de informações que deve ser falada e que priva a pessoa da sua verdadeira capacidade de sonhar e da sua possibilidade de entra rem contacto com o seu corpo e também com o seu subconsciente.

Nos nossos dias, vários indivíduos sofrem inconscientemente de uma indigestão informativa real composta por imagens e mensagens de desastres, de guerras, de violência e de horrores.

No que a mim diz respeito, há muito tempo que tomei as medidas necessárias para preservar a minha capacidade verdadeira de sonhar : já não tenho televisão e protejo sempre que possível a minha psique de «jornais informativos» e de filmes, livros e espectáculos emotivamente e psicologicamente nocivos que diminuem a vitalidade e as oportunidades de ter bons sonhos reparadores ou criativos e de ser prevenida dos perigos reais que ameaçam o nosso ambiente! Quando vou ao cinema, é quase sempre em sonhos. As paisagens são grandiosas, a luz, as cores e a música também e acordo bem-disposta e cheia de energia, de informações e de projectos.

CONCLUSÃO

Através do nosso corpo, a psique pode ter acesso a todas as informações do seu ambiente em tempo real. A nossa mente consciente desempenha principalmente um papel de filtro que será configurado de acordo com os nossos interesses conscientes do momento. Se o nosso cérebro não filtrasse a totalidade das informações captadas permanentemente pelo nosso corpo e pelo nosso subconsciente, poderíamos enlouquecer e também por exemplo, sonhar com todas as catástrofes que ocorrem no mundo e que ameaçam-nos directamente.

Actualmente, o «filtro» do homem moderno fechou-se muito ao seu ambiente natural, deixando passar pouca informação sobre a energia dos lugares. Mas, dado que a maioria pretende sobreviver, o nosso «filtro» pode portanto ser facilmente «reprogramado» para deixar passar as informações oníricas importantes à nossa sobrevivência. Basta fazer o trabalho de observação dos sonhos e da realidade propostos nesta obra.

As catástrofes naturais são, salvo excepções, sonhadas quando nos dizem respeito pessoalmente ou quando são relacionadas com pessoas que nos são afectivamente próximas. Em todo o mundo, as pessoas deviam tomar conta delas e esforçarem-se para explorar o seu mundo onírico para aprender a comunicar melhor com o seu subconsciente e com o seu corpo que estão sempre lá, como anjos da guarda, para ajudá-las a preservar eficazmente a preservar a sua vida. Quanto aos animais, seria muito útil para nós observá-los mais, mas em matéria de previsão de catástrofes, nunca poderão igualar o cérebro de um ser humano treinado para utilizar as suas capacidades oníricas. O animal efectivamente não parece ter a capacidade de detectar perigos cuja origem não seja natural, mas como resultado das actividades humanas. Por exemplo, nas cidades, o instinto dos gatos não está operacional para sobreviver à circulação automóvel. De igual modo, os animais não fogem antes de uma catástrofe nuclear, enquanto um sonhador treinado pode ser alertado para este género de catástrofe. Não me parece que os animais possam detectar através do seu subconsciente se um avião ou qualquer outro meio de transporte tem um problema técnico. No entanto, sei que um sonhador treinado segundo o método que expliquei neste livro, poderá antes de apanhar um avião, se irá chegar são e salvo ao seu destino, ou por exemplo, se o avião apresenta riscos técnicos.

Conseguir fazer isto é muito simples. Basta fazer um caderno de sonhos e de realidade como indicado neste livro. Através deste exercício, aprendemos a familiarizar-nos com o nosso universo onírico e a ver como a nossa força vital nos leva a um futuro próximo ou distante. Assim, é simples saber se chegará ao seu destino com o seu avião, ou o seu barco. Preste atenção aos seus sonhos antes de partir (uma ou duas semanas antes) e se nos seus sonhos a sua vida continua normalmente. Por exemplo, se começa a sonhar com o destino, com as coisas que fará, com as roupas que irá vestir, e com as pessoas que irá encontrar é porque a viagem correrá bem.

Estou muito feliz por ter partilhado consigo o fruto das minhas pesquisas nesta área e espero que este livro tenha despertado em si interesse.

Para àqueles que querem aprofundar, organizo regularmente estágios anunciados no meu site e dou também conferências sobre outros aspectos dos sonhos, por exemplo sobre os sonhos e a inovação.

http://www.amancini.com

Faço também coaching com algumas pessoas por ano durante um período que vai de 6 meses a um ano, para ajudá-las a desenvolver-se mais rapidamente e mais facilmente. Faço também intervenções pontuais para ajudar pessoas a resolver todo o tipo de problemas. Posso também, por exemplo, encontrar através dos meus sonhos objectos perdidos. Posso ser contactada por e-mail através deste endereço :

anmancini@free.fr

P.S.: Quando acabava este livro, encontrei um investigador que assegurou-me que segundo os seus cálculos astronómicos iria produzir-se a 6 de Junho de 2012 um cataclismo, devido a um trânsito de Vénus e que um terço da população do globo iria morrer por causa deste trânsito. Fiz algumas pesquisas na internet e constatei que há informações que circulam sobre esse assunto, assim como o anúncio de outros cataclismos em outras datas nomeadamente em Dezembro de 2012.

Quanto a mim, não sonhei nada semelhante, nem em Paris, nem nas minhas viagens recentes em Normandia. Os meus sonhos seguem o seu curso normal, ou seja, acredito que a minha vida continua normalmente. Se um cataclismo deveria acontecer num futuro próximo e levar um terço da população, seríamos muitos a fazê-lo há algum tempo sonhos de um género muito especial[27] e em todo o caso completamente desapegado em relação às nossas preocupações habituais.

Carpe diem.

---

[27] Encontrará nesta obra exemplos de sonhos feitos pessoas perto da morte : KELSEY Morton, *Dreams: A Way to Listen to God*, New York/Mahwah, Paulist Press, 1989.

RESPOSTAS ÀS QUESTÕESS FREQUENTES

1: Por que motivo não consigo sonhar ?

É cientificamente dado como adquirido que toda a gente, excepto àqueles cuja integridade cerebral foi atingida, sonha. O sonho é necessário à manutenção de uma boa saúde física e psicológica. É fácil para as pessoas que pensam que não sonham [28] reactivar a memória dos sonhos. Se tem problemas em lembrar-se dos seus sonhos, na falta de sonhos, anote as impressões de manhã ao acordar, o seu estado emocional. Sente-se triste, alegre? Anote os pensamentos que vêm ao espírito assim que abrir os olhos. Claro, se acordar ao som de um despertador que grita "bom dia Simone" quando nem sequer é o seu nome, o seu cérebro ocupar-se-á imediatamente na reflexão sobre esta mudança inesperada de identidade. Igualmente, se mal acordar tem por hábito de precipitar-se física ou mentalmente sobre as actividades do dia, terá reduzidas probabilidades de recuperação de pedaços de sonhos. Normalmente, basta despertar interesse pelos sonhos para lembrar-se melhor deles. A memória dos sonhos melhora muito rapidamente quando é solicitada e notei também que em simultâneo a memória dos acontecimentos diários melhora. Por outro lado, se melhorar a sua memória na realidade, isto só repercutir-se também na memória dos sonhos.

---

[28] E quem não utiliza medicamentos que impeçam a faculdade de sonhar.

Se efectivamente, não conseguir de uma forma ou de outra lembrar-se dos seus sonhos, poderá utilizar o efeito de treino que emana de outras pessoas que sonham muito e lembram-se dos seus sonhos. Se passar tempo com essas pessoas, isso irá contribuir para impulsionar a sua própria "mecânica onírica". Faça a experiência, comunicamos muito mais daquilo que pensamos. No entanto, antes de solicitar uma ajuda externa, verifique se dorme o suficiente. Efectivamente, se está muito cansado e dorme apenas o tempo necessário à sua recuperação física, terá poucas probabilidades de ter uma boa memória dos seus sonhos. Se é o seu caso, tente prolongar o seu tempo de sono. Antes de adormecer, pode também pedir a si mesmo que sonhe e que se lembre dos seus sonhos. Isto funciona muito bem. Pode também comer de uma forma mais ligeira ao jantar ou mudar de quarto. Observei ao longo das minhas pesquisas o efeito dos cristais no processo onírico e no sono, que colocar um bonito cristal de quartzo debaixo do travesseiro tem um efeito multiplicador da memória dos sonhos. Torna-os também mais claros e mais luminosos. É uma experiência fácil de fazer e sem perigo. Outros meios foram propostos em obras sobre os sonhos, eis aqui alguns (que não tive necessidade de testar):

Num livro sobre o yoga dos sonhos : é aconselhado a deixar entrar mais ar e/ou luz no sítio onde dorme ; visualizar uma bola vermelha ao nível do chacra da garganta ; ou uma pérola branca sobre a testa.[29]

Num livro sobre o sonho lúcido : é aconselhado tomar um suplemento de vitamina B6 e de utilizar a noz de moscada nos seus cozinhados. Este livro aconselha também a utilização de uma almofada enchida com artemísia (*artemisia vulgaris*) ou a utilização do óleo essencial de salva que tem propriedades hipnóticas. Este óleo não deve ser utilizado se ingeriu álcool ou em simultâneo com a almofada de artemísia. Para além disso, esta almofada não deve ser utilizada pelas mulheres grávidas, porque esta planta contém um composto susceptível de causar abortos.[30]

Num livro sobre a descodificação dos sonhos escrito por uma psicóloga [31]: podemos ler que a motivação é de extrema importância, que uma alimentação pesada e gorda, o tabaco, o álcool e os tranquilizantes devem ser evitados. A autora assinala também o problema do despertador, que ao acordá-lo de repente o fará esquecer dos seus sonhos. Como auxílio, o livro aconselha o método do copo de água. Eis no que consiste: à noite, coloque um copo de água sobre a sua mesa-de-cabeceira e antes de se deitar, beba um pouco e diga-se a si mesmo que no dia seguinte,

---

[29] Ver: NORBU, NamKhai, *Le Yoga du Rêve*, op. cit., p. 75.
[30] DEVEREUX Paul and DEVEREUX Charla, *The Lucid Dreaming Book, How to awake within, control and use your dreams*, Boston, Tokio, Journey Editions, 1998.
[31] SALVATGE Geneviève, *Décodez vos rêves*, Paris, Presses Pocket, 1992, p. 20-21 and 34-35.

quando beber o resto, irá lembrar-se dos seus sonhos. A autora cita também alguns elixires florais que pode ajudá-lo (amora, miosótis, laranjeira, maçã). Ela escreve que o elixir Chaparral dos laboratórios Deva ajuda ao[32] ressurgimento de emoções recalcadas. Ela menciona também os remédios florais do Dr BACH. Todos estes remédios florais, sem efeitos secundários, podem ser-lhe úteis, todavia não são absolutamente necessários. Sonha naturalmente e poderá lembrar-se naturalmente dos seus sonhos.

Num livro sobre a criatividade onírica: é aconselhado a permanecer imóvel, de olhos fechados ao despertar e de tentar de se lembrar dos seus sonhos. É aconselhado então a mudar a posição do seu corpo na cama. A mudança de posição corporal provoca às vezes o surgimento da lembrança de sonhos. Este conselho é dado por Patricia GARFIELD no seu livro *Creative Dreaming*.[33]

No livro de Hervey de Saint Denys sobre a lucidez

---

[32] Laboratoires DEVA, P.P. 3, 38880 Autran; Dr Edward BACH Centre Mount Vernon, Wallingford, Oxon OX10-OPZ. Nos Estados Unidos, as flores de BACH podem ser adquiridas em dietéticas. Na Grã-Bretanha são fáceis de encontrar, nas drogarias, farmácias, e mesmo em alguns aeroportos. Em França, poderá encontrá-las em dietéticas e são também vendidas em lojas especializadas como Anthyllide, www.anthyllide.com.

[33] GARFIELD Patricia L., *La créativité onirique, Du rêve ordinaire au rêve lucide*, (título original: *Creative Dreaming*), Paris, J'ai Lu, 1974, p. 200.

onírica, encontramos um meio muito astuto, mas um pouco difícil de praticar para que as pessoas possam encontrar a memória dos seus sonhos. Passo a citar[34] o autor :

> *Um amigo íntimo, com o qual fiz uma viagem razoavelmente longa e que se interessava pelas minhas pesquisas, estava convencido que nunca sonhava no seu primeiro sono. Por várias vezes, acordei-o pouco tempo depois de ele ter adormecido, e ele assegurava-me de boa-fé que não conseguia lembrar-se de nenhum sonho. Uma noite quando ele dormia durante aproximadamente durante uma meia hora, aproximo-me da sua cama e digo baixinho alguns comandos militares : Sentido! À vontade ! Etc. e desperto-o devagarinho.*
>
> *«Então, digo-lhe, desta vez ainda não sonhaste nada?*
>
> *- Nada, absolutamente nada, que eu saiba.*
>
> *- Procura bem na tua cabeça.*
>
> *- Procuro bem e só encontro um período de completa aniquilação.*

---

[34] Hervey de Saint Denys, *Les rêves et les Moyens de les Diriger*, *Observations pratiques*, Edition intégrale, Buenos Books International, Paris, p. 121

- *Tens a certeza, pergunto então, que não tenhas visto nem soldados...»*

Ao ouvir a palavra soldado, ele interrompe-me como se fosse atingido por uma súbita reminiscência, «É verdade! É verdade! Diz-me ele, sim, lembro-me agora: sonhei que assistia a uma revista. Mas como é que adivinhaste?»

Pedi a autorização de guardar o meu segredo até que tivesse feito de novo a experiência. Desta vez, murmurava perto dele termos de carrossel e uma conversa quase idêntica estabeleceu-se entre nós, assim que ele acordou. Ele não tinha inicialmente presente no espírito a noção de nenhum sonho, depois ele lembrava-se, segundo as minhas indicações, do que as minhas palavras tinham provocado ; e por esta via de reminiscências, ele encontrava a lembrança de várias visões anteriores, cuja minha intervenção tinha perturbado.

Pouco tempo depois desta segunda experiência, fiz ainda uma terceira que não foi menos bem-sucedida. Em vez de utilizar a fala como meio de influenciar o sonho do meu companheiro de estrada, servi-me de pequenos sinos ligeiramente agitado, cujo barulho suscitava a ideia que continuávamos a nossa viagem numa diligência que percorria os grandes caminhos.

2: Como é que posso interpretar os meus sonhos?

No princípio da experiência, contente-se em tomar notas sobre os seus sonhos e sobre a sua realidade da forma que indico neste livro. Não procure interpretar os seus sonhos à primeira, compreenderá mais facilmente depois de um certo tempo, porque ao fazer este simples trabalho de observação neutra, melhorará automaticamente a comunicação entre o seu subconsciente, o seu corpo e o seu espírito consciente. A melhoria desta comunicação leva a uma melhoria da circulação energética no seu corpo. Após um determinado tempo[35], quando terá reunido observações suficientes, basta reler de seguida todos os dados. Verá então que os mesmos símbolos oníricos aparecem em relação a uma mesma realidade e isto irá permitir a dedução correcta dos seus próprios símbolos oníricos. Por exemplo, quando era estudante e trabalhava como temporária, os sonhos de perda de sapatos correspondiam a fins antecipados e racionalmente imprevistos dos meus trabalhos temporários na realidade. Enquanto nos sonhos nos quais via-me com um chapéu magnífico anunciavam-me empregos de um nível intelectual mais alto. Graças a este fenómeno, ser-vos-á possível de compreender a maioria dos sonhos, de uma maneira ainda mais fiável do que os outros métodos de interpretação de sonhos utilizados

---

[35] Devemos contar em geral um ano para as pessoas menos dotadas.

geralmente.

Como terá com certeza percebido, o ambiente dos sonhadores desempenha um papel determinante no conteúdo dos sonhos, por isso, para poder interpretá-los correctamente, não podemos contentar-nos com a simples história do sonho, ou até mesmo de uma série de sonhos sem conhecer o contexto e os hábitos do sonhador. Para ilustrar a dificuldade de interpretar sonhos se não dispomos de informações sobre a realidade do sonhador, vou falar-vos do seguinte sonho retirado do meu caderno de sonhos e que, apesar da minha experiência, não pude compreendê-lo no momento em que anotei-o, mas só depois de ter obtido alguns elementos da realidade ambiente. Ei-lo aqui:

«Esta noite, tive um sonho divertido. Estava num parque com a relva bem verde e sobre as plantas, há tantas flores em forma de cubos. Eram cubos de todas as cores. Fiquei muito espantada ao ver que a Natureza podia produzir este tipo de flores em forma de cubos que nunca tinha visto antes, e observava tudo isto divertindo-me.»

Tente então interpretar este sonho. Eu, nem tentei, sabia que iria receber a resposta de outra forma. Efectivamente, depois de ter anotado este sonho, senti um forte desejo de ir aos jardins da Cité Universitaire em Paris. E aí, surpresa! No jardim, uma exposição artística muito original tinha sido organizada: «presentes» de todas as cores em forma de cubos estavam expostos no parque. Aí tinha a resposta que procurava, o meu sonho inexplicável informava-se simplesmente do que se passava no meu ambiente próximo, porque vivo perto da Cité Internationale. Mas ao passar do meu subconsciente para o meu consciente através dos sonhos, a informação captada no meu ambiente foi um pouco «alterada» para «caber» na minha mente: os presentes de cartão de todas as cores foram transformados em flores abertas sobre plantas.

A mensagem dos sonhos é muitas vezes transformada em relação à realidade que foi captada subconscientemente. Por exemplo, se captar em sonhos informações a propósito de uma pessoa que ainda não conhece, esta pessoa terá no seu sonho a aparência de outra pessoa que já conhece e com a qual ela partilha traços comuns. Felizmente, existem também muitos sonhos claros que não necessitam de interpretação. Por exemplo, pode sonhar sobre uma questão que um colega de trabalho vos colocou e efectivamente, no dia seguinte ou uma semana mais tarde esta pessoa irá colocar a mesma questão. Este tipo de sonho é extremamente frequente.

Após aproximadamente um ano de observação dos seus sonhos e da sua realidade, conseguirá descodificar 90 % dos seus símbolos oníricos de uma forma fiável e precisa. Compreenderá então a inutilidade dos dicionários de sonhos. Efectivamente, cada pessoa possui uma linguagem onírica pessoal e que resulta da forma como o seu cérebro foi programado nos primeiros anos de vida. Só um trabalho pessoal em profundidade permitir-lhe-á descodificar o seu próprio código onírico para que possa servir-se eficazmente da sua faculdade de sonhar. Notará ao longo da sua existência que os seus símbolos oníricos permanecem relativamente estáveis. O que significa que irá aprender ao máximo sobre a sua linguagem onírica nos primeiros anos do seu trabalho. Aprenderá com a experiência de vez em quando novos significados simbólicos quando novos símbolos relacionados a novas situações reais forem apresentados. Isto pode ser comparado à aprendizagem da língua materna. Aprendemos o essencial nos primeiros anos.

Se um novo tema onírico aparece nos seus sonhos e não pretende esperar para conhecer o sentido destes sonhos, poderá socorrer-se dos vários conselhos dados por vários autores, na maioria psicólogos, para interpretar os seus sonhos. Pode utilizar por exemplo a técnica da entrevista de Gale Delaney.[36] Robert Moss propõe, segundo ele, de entrar de novo nos sonhos e de revivê-los.[37]

Sobretudo, e insisto de novo, não confie nos dicionários de sonhos ou outros descodificadores de sonhos como auxílio, porque só irão induzi-lo em erro e angustiá-lo. São muitas vezes carregados de superstições e podem ser às vezes muito negativos. Notei também ao longo das minhas formações que dou que as pessoas que tinham por hábito utilizar um dicionário de interpretação de sonhos ao longo de vários anos, tinham programado o seu cérebro e os seus

---

[36] *Cf.* p. 38, sobre a técnica da entrevista de Gale Delanay.
[37] Moss Robert, *Dreamsgate, op. cit.*, p. 42.

sonhos em conformidade com o dicionário. Elas limitavam assim drasticamente o seu acesso ao capo informativo naturalmente aberto quando observamos os seus sonhos e a sua realidade com toda a neutralidade de um investigador.

Em vez de utilizar descodificadores de sonhos, procure pelo contrário compreender os seus sonhos em relação aos processos em curso na natureza. Ao longo das minhas pesquisas, pude constatar que o subconsciente está muito ligado à natureza, que fala na maior parte do tempo «a linguagem da natureza» e que vários símbolos podem ser compreendidos tendo como referência a natureza e o seu funcionamento. Por exemplo, num sonho, uma planta que cresce significa o crescimento de algo na sua psique ou às vezes na sua carteira ou nos seus sentimentos. A água que dá vida é muitas vezes sinónima de energia e fugas de água mostram ao sonhador as suas fugas energéticas, etc.

Sob este ponto de vista, um dicionário de símbolos é um bom instrumento de trabalho. Em francês, poderá utilizar *Dictionnaire des Symboles*, de Jean Chevalier e de Alain Gheerbrant.[38]

Em último lugar, quando deseja interpretar os seus sonhos, escute a sua intuição e preste atenção às emoções sentidas durante o sonho. Elas são determinantes na compreensão do sentido de um sonho.

---

[38] Por exemplo: Chevalier Jean, Gheerbrant Alain, *Dictionnaire des Symboles*, Laffont, Jupiter, collection Bouquins, Paris, 1982.

Para mim, é principalmente a intuição que me guia quando alguém me pede para interpretar um sonho. Às vezes, tenho intuitivamente a resposta imediata, outras vezes a minha intuição leva a colocar-me questões apropriadas sobre o ambiente do sonhador. Outras vezes ainda, tenho a intuição que este sonho não diz respeito a pessoa que conta e como tal não pode ser interpretado. Acontece-me também, de sonhar com o sonho que alguém me irá contar e da sua interpretação antes mesmo de encontrar as pessoas que na realidade irão contar-me os seus sonhos. É frequente quando estou a viajar, onde encontro num comboio, num avião, num parque ou num restaurante, o desconhecido(a) que normalmente não presta atenção aos seus sonhos, mas irá sentir um forte desejo de contar-me um sonho que o (a) marcou muito e de perguntar a minha opinião, quando ele/ela não sabe que tenho tanto interesse pelos sonhos! Nestes casos, trata-se para o interessado(a) de uma mensagem muito importante que o seu subconsciente quis transmitir-lhe. Mas não podendo fazê-lo directamente, ele organizou no mundo dos sonhos este encontro que na realidade parece ter acontecido «através do mais puro dos acasos».

3: Podemos captar durante os sonhos informações vindas de lugares ou pessoas afastadas ?

A resposta é: sim. Mas não posso dar-vos uma explicação científica a este fenómeno natural e frequente. Observei ao longo das minhas pesquisas que o meu corpo podia captar informações vindas de pessoas afastadas. Sonhei por exemplo quando estava em Paris com informações precisas sobre um evento em China perto de Shangai e que dizia respeito a um amigo chinês. Sonho frequentemente com informações que dizem respeito a uma amiga que vive em Nova Iorque e pude verificar com ela por telefone ou por e-mail.

É muito frequente também «projectar-me em sonho» em lugares desconhecidos para onde devo ir. Capto informações a propósito destes locais e das pessoas que lá vivem, antes de lá ir. Os meus sonhos permitem-me também facilitar as minhas viagens e assinalar-me eventuais perigos.

Pude observar que não capto informações sobre coisas que não me interessam ou que não têm afinidades psicológicas comigo. No estado de sonho, a distância geográfica não conta para o acesso às informações. O que prevalece então é a lei da atracção, a das afinidades, das atracções e dos pontos de interesse.

No estado de sonho, a lei da atracção por afinidade (o que se assemelha junta-se) desempenha um papel principal na captação de informações provenientes de lugares ou pessoas afastadas. Porém, enquanto capta informações provenientes de pessoas ou lugares muito distantes, o seu ambiente imediato e a sua própria esfera informativa vão « dar cor » e às vezes alterar as informações que capta ao longe. Alguns géneros de informações e de energias serão atraídos por si em função dos seus pontos de interesse, do seu nível energético e também dos objectos que o rodeiam no lugar onde dorme. Se por exemplo, dorme com um objecto que já pertenceu a um ente querido que está a viajar, terá grandes probabilidades de captar informações que dizem respeito a esta pessoa porque dorme com um objecto que já lhe pertenceu e que está carregado com a sua informação energética. Acontece-me com frequência sonhar com pessoas que lêem os meus livros sobre os sonhos e de comunicar come las sobre este assunto.

Várias tradições espirituais mencionaram o facto que quando dormimos podemos sair do nosso corpo, viajar, encontrar pessoas e tratar de assuntos, etc. Poderá verificar por si mesmo através da observação do processo onírico que é um fenómeno frequente. Quando o fenómeno se produz, poderá notar que apesar de estar fora do seu corpo, este continua a captar activamente informações que continua a receber como se estivesse em simultâneo dentro e fora do seu corpo.

É também possível sair do seu corpo no estado de vigília utilizando técnicas particulares. Existem livros muito interessantes a esse respeito onde são explicados métodos para sair do seu corpo em estado de vigília. Alguns autores consideram estas práticas desprovidas de perigo, mas não é a opinião de todos os autores. Considero todas estas pesquisas sobre as saídas fora do corpo em estado de vigília muito apaixonantes, mas da minha parte, prefiro saídas fora do corpo, (chamadas também viagens astrais), no estado de sonho, porque é feito naturalmente, quando temos energia e tranquilidade para fazê-lo, e não apresenta nenhum perigo.

BIBLIOGRAFIA

Obras recentes sobre os sonhos:

Abordagem xamánica:

MOSS Robert, *Dreaming True, How to Dream Your Future and Change Your Life for the Better*, New York, Pocket Books, 2000.

www.mossdreams.com

Abordagem do yoga:

NORBU, NamKhai, *Le Yoga du Rêve*, Paris, J.L. Accarias, 1993, collection L'originel, traduction de l'anglais par Gisèle Gaudebert.

No tantra do sonho, o objectivo é a preparação à passagem da morte. Esta abordagem Dans le tantra du rêve, l'objectif est la préparation au passage de la mort. Esta abordagem desaconselha debruçar-se sobre a análise dos sonhos e sobre os fenómenos tais como a telepatia ou o conhecimento do futuro que ocorrem durante o sonho. Ela afirma que o desenvolvimento da consciência leva à extinção total dos sonhos.

Abordagem psicológica:

DELANEY Gale, *All About Dreams, Everything You Need to Know About Why We Have Them, What They Mean, and How To Put Them to Work for You,* New York, HarperCollins, HarperSanfrancisco, 1988.

Abordagem psicológica aberta dos sonhos. Trata-se de uma obra muito completa que faz o inventário de todas as teorias sobre o sonho desde a antiguidade e no mundo inteiro. O estudo exaustivo e crítico da história da abordagem psicanalítica dos sonhos é muito interessante.

SALVATGE Geneviève, *Décodez vos rêves*, Paris, Presses Pocket, 1992

Abordagem religiosa do sonho:

KELSEY Morton, *Dreams: A Way to Listen to God*, New York/Mahwah, Paulist Press, 1989

Este livro escrito por um pastor com o espírito aberto é muito interessante devido à crítica da atitude cristã ao longo da história em relação ao sonho. É também muito interessante pelos seus exemplos de sonhos que prenunciam a morte.

Abordagem por técnicas de controlo dos sonhos, sonhos lúdicos:

LABERGE Stephen and RHEINGOLD Howard, *Exploring the World of Lucid Dreaming*, New York, Ballantine Books, 1992.

LABERGE Stephen, *Le rêve lucide: le pouvoir de l'éveil et de la conscience dans vos rêves*, (traduction de *Lucid Dreaming*), île Saint-Denis, Editions Oniros, 1991.

DEVEREUX Paul and DEVEREUX Charla, *The Lucid Dreaming Book, How to awake within, control and use your dreams*, Boston, Tokyo, Journey Editions, 1998.

CASTANEDA Carlos, *L'art de rêver*, Paris, Pocket Age d'être, 1996.

Este autor conheceu muito sucesso, mas os seus livros nem sempre são fáceis de compreender, para além das informações importantes estarem incorporadas numa grande quantidade de texto. Podemos tirar proveito da leitura do autor seguinte que fez uma excelente síntese das informações mais importantes no que diz respeito à arte de sonhar, contidas na obra de Castaneda: Les Enseignements de Don Carlos, Applications pratiques de l'Oeuvre de Carlos Castaneda, Victor Sanchez, Editions du Rocher, 1992

Abordagem científica, biológica do sonho :

Para a França, ver o site da Universidade de Lyon 1: http://sommeil.univ-lyon1.fr/index_f.html

JOUVET Michel, *Le sommeil et le rêve*, Paris, O. Jacob, 2000.

WOODS Ralph L. and GREENHOUSE Herbert B., Editors, *The New World of Dreams*, New York, Macmillan Publishing Co, inc., 1974.

Encontrará neste livro vários artigos escritos por cientistas que estudaram o sono, os seus ciclos, os efeitos das drogas, medicamentos, álcool e excitantes sobre o processo onírico, os efeitos da privação do sono no homem e no animal ou a privação do ciclo REM do sono.

MAGAÑA Sergio, 2012... e poi? L'alba del Sesto Sole, La via di Quetzalcoatl secondo il Calendario tolteco-mexica, Edizioni Amrita, Giaveno (TO), Italie, 2011

Este xamã mexicano ensina a arte de sonhar segundo a tradição dos antigos Mexicanos.

http://www.concienciadimensional.com/en/members.html
Para uma síntese das várias abordagens dos sonhos :

GARFIELD Patricia L., *La créativité onirique, du rêve ordinaire au rêve lucide*, (Titre original: *Creative Dreaming*), Paris, J'ai Lu, 1974.

COXHEAD David et HILLER Susan, *Les rêves visions de la nuit*, Paris, Seuil, 1976 (traduction de: *Dreams, Visions of the Night*).

Autores antigos e literatura "clássica" sobre os sonhos:

ARISTOTE, *La Vérité des songes, De la divination dans le sommeil*, (*Parva Naturalia* 462 b - 464 b), traduit du grec et présenté par Jackie Pigeaud, Paris, Rivages Poche, 1995

ARTEMIDORE, *la Clef des Songes, Onirocritique*, traduit du grec et présenté par Jean-Yves BORIAUD, Paris, Editions Arléa, 1998

FREUD Sigmund, *Sur le rêve,* Paris, Gallimard, 1988. (traduction de *Über Den Traum,* écrit en 1901)

JUNG Carl Gustav, *Souvenirs, rêves et pensées,* Paris, Gallimard, 1973.

D'HERVEY DE SAINT-DENYS, Marie Jean Léon (1822-1892: um precursor neste domínio), *Les rêves et les moyens de les diriger*, Editions Buenos Books International, 2008. Esta obra contém as observações do autor sobre as próprias experiências da lucidez onírica.

Obras sobre experiências científicas destinadas a provar a existência da telepatia nos sonhos, em estado de hipnose e durante o estado de vigília :

WOODS Ralph L. and GREENHOUSE Herbert B., Editors, *The New World of Dreams*, New York, Macmillan Publishing Co, inc., second printing 1974, p. 273 et ss et p. 405 et ss.

DOSSEY, Larry, *Reinventing Medicine: Beyond Mind-Body To A New Era Of Healing*, New York, Haper Collins, 1999 relata nos primeiros capítulos todas as experiências científicas realizadas nos Estados Unidos às vezes em instituições de prestígio como a universidade de Harvard, em Boston.

FERGUSON, Marilyn, *La révolution du cerveau*, Paris, J'ai Lu, 1973, título original: *The Brian Revolution*.

SOBRE A ILUSTRADORA DA CAPA

Cristiane Mancini nasceu no Brasil. Ela vive em São Paulo onde é ilustradora. Cristiane é a prima da autora deste livro. Artista de coração e cheia de talento, ela gosta de ilustrar todos os géneros de livros, imaginar capas, e também fazer logotipos e outros desenhos de publicidade.

Ela já ilustrou vários livros e entre eles, livros para crianças: "Fada Helena Boazinha" (Karen Vogel Camargo/ Editrice Núcleo Paradigma) e "A ilha encantada das Marias sem vergonha/ Busy lizzy´s enchanted island". (Manuela Viera do Amaral/ Editora Panamby Bilingual School See Saw).

Contacto: mancinicristiane@yahoo.com.br

SOBRE SOBRE A TRADUTORA DESTE LIVRO: Ana Cristina e Almada

Nascida em França, tenho uma vasta experiência na tradução de todo o tipo de documentos nos seguintes pares linguísticos: Inglês / Francês; Francês / Português e Português / Francês.

Para um orçamento, é favor contactar por e-mail analmada_2000@yahoo.com ou através de:

http://almada_ana1.elance.com

Para além de tradutora, sou consultora na área das Relações Internacionais na associação Observatório dos Luso-Descendentes e também sou representante em Lisboa da empresa NHD International

(http://www.nhdinternational.com/).

Caso pretenda investir em Portugal ou exportar para o estrangeiro, não hesite em contactar a NHD International (nhd@nhd.pt).

No seu contacto, faça referência à forma como tomou conhecimento da empresa.

Quero agradecer antes de mais, à autora por esta oportunidade, ao Observatório dos Luso-Descendentes e à NHD International.

Este livro está escrito na antiga ortografia.

www.ingramcontent.com/pod-product-compliance
Lightning Source LLC
Chambersburg PA
CBHW071141090426
42736CB00012B/2197